Claer Barrett
克萊兒‧巴雷特 著
楊東昊 譯

理財新手的輕鬆財務課

掌握7個錢滾錢的訣竅，擺脫窮忙、實現夢想，
學會一生都受用的投資思維

WHAT THEY DON'T TEACH YOU ABOUT MONEY
Seven Habits that Unlock Financial Independence

目錄

前言

你善於理財嗎？

如果你的答案是「不」，「看狀況」或者「不知道」也沒關係，先冷靜！

首先，我要告訴你的，可能是關於財富最大的祕密。

當了二十年的財經記者，包括我自己，幾乎每個我遇過的人，他們內心深處都覺得自己當初應該有更好的理財方式。

我為什麼會知道呢？因為不管是在電視節目還是收音機，或者在「金錢診所」（Money Clinic），也就是我的播客上，還有日常生活中，當人們遇到有關金錢的問題時，我都有榮幸能夠成為他們信賴的人。

你正讀著這本書的第一頁，這代表你可能也相信我。歡迎加入這個大家庭！很高興認識你，我們不需要完美主義者，這裡的人會將對你有所助益。

但首先，我想坦承一件事。我之前說過自己絕對不會寫關於金錢的書。而我之前也說過自己永遠都不會結婚，在我結婚的那一天，父親笑得非常開心，還好心地告訴大家我之前說過的話。

理由很簡單，因為我自己也從來都不想讀任何關於金錢的書。相比之下，神秘謀殺懸疑案比較是我有興趣的體裁。

閱讀滿是英鎊符號的書，鉅細靡遺的表格，聽那些不犯錯的「專家」指手劃腳，還有各種無聊的事情和數字，老實說，我寧願去酒吧。

那麼問題來了，為什麼我期待你會讀這本書呢？

因為這本書是專門寫給那些絕對不會購買這類書籍的人的。

如果我們正坐在酒吧裡聊天，這本書的內容基本上就是我會對你說的，差別只在於少了些髒字。

有關錢，最大的問題之一在於我們的生活中有太多事情了，所以很難去掌握錢。錢很複雜，錢是另一種語言，有很多可怕的數字，還有很多只有專家才懂的事情。簡而言之，要掌管錢讓我們覺得噁心。

在一切都非常順遂的時候，處理金錢的問題讓我們焦慮不安，但在寫這本書的時候，生活零零總總的開銷加深了恐懼。大多數人心中有很多疑問，私底下也都想知道這些問題的答案，卻不知道要問誰，也不想要讓別人覺得自己很蠢。隨著財務上的壓力越來越大，這些問題的答案已經不是可有可無了，而是必要的。

當人們終於有勇氣要敞開心胸，往往會發生以下的幾種對話：

「克萊兒，我早該知道這些了，但是……」

「你可能會覺得這個問題很蠢……」

「我上網查過了，結果更是一頭霧水……」

聽起來耳熟嗎？

有很多時候，為了追根究底，在可能的選擇之中游移不定，人們會浪費好幾個月甚至好幾年試著去解決一個問題。

要如何擺脫這些感覺，繼續好好生活呢？無論是在學校或者是職場，從來沒有人具體地教我們如何管錢。

成長的過程中，父母對於金錢的態度是我們最大的影響來源，我等等會更深入探討這一點。不過每個人的父母對於財務的了解都大不相同，而很多家庭往往不會高談闊論有關金錢的議題。

人們對於討論錢往往都不是很自在，就連對自己的另一半還有好朋友也是。有些人只會在抖音上面吹噓自己玩虛擬貨幣入帳百萬英鎊，好笑的是他們從來不發自己虧損的影片。社群媒體是一個學習金錢的好地方，但其中很多內容都會讓我們自尊心受挫，覺得自己不如他人。

對於錢，我們的情感包袱已經遠遠超過航空公司的行李限重。這一點讓人們很難去討論錢，但如果我們用Google上網去查，龐大的資訊量會讓我們很有壓力，也非常耗時。要找到準確，值得信賴且不偏頗的資訊非常困難，對於很多不同的產品、規則、限制和圈套，你需要隨時保持謹慎。然而，大多數的人又負擔不起一個專業的財務顧問來幫助他們做決定。

包山包海的金融業好像也一心要讓我們厭煩，他們把事情過度複雜化，讓人們難以理解。這讓我們難以做出決定，於是就不斷地拖延，而這一拖可能就是一輩子了。

我們大多數人對於財務方面的事情都比較怠惰，因為我們這方面的知識匱乏，銀行和金融機構就能從中獲利。也是因為這一點，我相信這本書中很多東西是業內人士不希望我們知道的。為什麼呢？因為這樣一來他們能從我們身上賺的錢就變少了！

不只是想讓你對於金錢不要那麼不知所措，我也希望這本書的內容可以改善你的生活。如果有人問你：「你善於理財嗎？」我希望你的答案是……我馬上就會有所進步了。

七大財務習慣

在我學著如何妥善運用金錢的過程中，我整理出了七個關鍵的習慣。這七個習慣一再幫助我走在正軌上，我希望它們也能對你有所幫助。讀讀看這七個習慣，或許就能給你一些靈感。

分享這七個習慣，是想讓它們成為你的「起跑點」，讓你踏入一段和金錢更好的關係，不過真正有用的是它們的實際應用。隨著你閱讀本書的不同章節，我會提供各種不同具體的方式，來幫助你把這些習慣付諸於行動。

對了，同時也不要忘記，理財是一趟不間斷的旅程。生活中唯一不會變的就是改變，股市會上上下下，人們制定新的法律，淘汰過時的法律，我們可能得到加薪，也可能面臨減薪，所以我們的理財規劃必須要與時俱進。以下是七個關鍵的財務習慣，能夠幫助你擺脫對錢的負面觀感，並以正面積極的態度應對。

習慣一：拋下感性，保持理性

首先我們必須承認，錢真的是個很感性的東西。每個人和錢的關係都不太一樣，而這強烈影響我們的態度，不管是對於賺錢、花錢、借錢、存錢或者是投資。

而現在，我們必須做出理性的決定，但想要抗拒自己內心情感的流動是有難度的。在第一章，我會介紹一些常見的財務個性。學習如何更加理性，並把錢當作一個工具，這樣不但能夠為我們的財務加分，也能減少自身的恐懼。

習慣二：用心做決定

用心做決定可以幫助我們回答一個永恆不朽的問題：「我的錢都去哪了？」

第二章和第三章，我會分享一些訣竅、技巧和工具，幫助你深入挖掘自己的數據，讓你能夠留意個人的資產負債表，最終讓一切事物更在你的掌握之中。耶！在第四章，我們會用前兩章所學的來幫你處理債務問題。

習慣三：劃分及自動化

一旦你克服最難的部分，制定好自己的財務規劃，就對自己好一點吧，讓一切自動化。如同我在第三章解釋的，網路銀行代表了自動付款，設定好自動付款到不同的帳戶，讓你可以更好地把錢劃分開來，用在不同領域。不論是零散的錢，還是應急基金，甚至是股票市場的投資（第八章），相信我，你會對結果感到驚訝的。

習慣四：給自己一個目標

如果你和一位專家討論你的理財規劃，他們第一個問你的問題一定是：「你的財務目標是什麼？」這個問題其實並不簡單，但非常值得你花時間思考，因為目標會給你很強大的動力。

把眼光放長遠一點，你就會意識到聚沙成塔的力量。比方說，只要每天存三英鎊，一年後就能存下一千多元。

第五章，我會帶著你根據自身狀況設定不同的財務目標，以及當事情沒有跟著計畫走的時候，如何持續保持動力。

習慣五：保持好奇心

成功的關鍵是要保持開放的心態，去學習那些你並不了解的財務知識。沒有所謂的蠢問題，最蠢的是什麼都不問。然而，學校教數學的方式可能會讓很多人對數字反感。

在本書中，我會用生活中的實際例子，讓數字看起來更加友善，讓你有自信說出想問的問題，並理解問題的答案。在第六章，我們會學習如何避開詐騙和別人的陰謀，並了解為什麼其他人為我們制定的理財計畫往往都不是最好的。

習慣六：打造自己的財務規劃

根據自己心中想要的東西設定目標，提前規劃的重點在於敲定各方面的具體細節。

第七章，我會告訴你如何把目標分解成小步驟，以及如何利用金融圈最強大的兩個工具，也就是減稅和複利。就算你從來沒聽過它們也不用擔心，我會用簡單的方式教你如何從中受益。

習慣七：花時間談論金錢

談論金錢是路上最大的阻礙，很多人非常不喜歡談論錢。探索你和錢的關係可以讓你和其他人找到共通點，然後一起前進，不論是你的另一半，朋友或者家人。

第九章和第十章，我們會延伸這個議題，聊聊如何向你的主管要求加薪，還有解釋要如何有效率地和金融公司對話。

自尊心的代價高昂。錢的特性在於，在遇到問題時越拖狀況會越糟糕。但尋求幫助並不可恥，在這本書我有談到許多資源可以讓你尋求幫助和建議，我會陪著你一起學習這些習慣，幫助你過上更好的日子。

我沒有很多錢，這本書適合我嗎？

簡單來說，適合！

稍微長一點的回答是，你可能沒辦法直接做到某些我建議的事情，但先把這些東西學起來，等待時機來臨也是助益良多。

投資的事情尤其是這樣。虛擬貨幣和交易軟體的崛起吸引了新一代的投資人，但許多人直接一頭栽進去，大賠一筆後便不知道該如何是好，我會在第六章談到這個問題。

買房也是一個你可能覺得遙不可及的夢想。在第五章我有談到很多關於買房的事情，包括如何獲得政府補助，還有一些正在租房的人必須知道的注意事項。

是個人都會擔心錢的問題。不論你有多少錢，每個人都會感到不安，隨著柴米油鹽的價格水漲船高，這些感覺更是讓人窒息。

金融圈的人把錢變得困惑又可怕，但我認為不敢談論錢也大大干擾了我們互相幫助和分享知識。

在當前的危機中，我們真的需要彼此關照。談論金錢固然重要，但去注意其他人可能不敢說出來的事情也很重要。現在，大家普遍都意識到金錢的問題會對我們的心理健康帶來負面影響，當然也可能帶來正面的影響。錢不僅是壓力和焦慮的巨大來源，它甚至也是生死攸關的問題。

馬丁．路易斯（Martin Lewis）為英國人民的財務知識做出了重大的貢獻，他成立了金錢和心理健康組織（The Money and Mental Health Institute）。該組織指出，過去一年，有債務問題的人們自殺的機率比一般人高出三倍。

現在，每一個跟我聊過的慈善團體都說，大多數人的債務都是源自於家庭支出，他們沒辦法付清家用支出的帳單。這是一個龐大的系統性問題，光靠省吃儉用是沒辦法解決的。

手上現金比較充裕的人可能可以靠著改變自己的金錢習慣來解決問題，但我們需要制度層面的改變，我們需要一個更公平的金融系統。馬丁給了我一些啟發，讓我可以大聲點出以下的金融問題：

- 越來越多的家庭困在預算赤字中
- 仰賴慈善機構的人數創下新高
- 破碎的能源市場
- 福利制度的不足
- 沈重的育兒費用
- 住房危機
- 性別工資差距
- 層出不窮的詐欺
- 年輕人和成年人都缺乏的財務教育。

這些問題無法用短短的一本書就加以解決，但我鼓勵你加入我的行列，讓它們可以更早受到政治人物的重視。只要還有一口氣，我就會持續大聲呼籲相對應的改革。

接下來的十個章節，讓我們專注在有辦法改變的事情上，就從用錢的習慣開始吧。

第一章
錢，是感性的

學會如何處理錢這件事會遇到許多困難。有讓人感到恐慌的數字，有金融圈那些讓人混淆的行話，最後還有情感上的絆腳線，讓我們不敢討論錢，也不敢在困惑時尋求幫助。

有錢讓我們覺得自己很強大，而沒錢讓我們覺得自己很弱小。我們和錢的關係可能是由恐懼、貪婪、驕傲、內疚或者恥辱所主導。這些強大的情緒可能受到我們開銷、儲蓄以及對風險的態度所影響，而我們卻渾然不知。

第一章的重點在於接受金錢高度情緒化的本質，並學習如何採取更理性的應對方式。我們將會去了解自身的一些「壞習慣」是怎麼形成的，並花一點時間探索自己的過去，這樣在未來養成新習慣時更能將情緒抽離。

我將會揭開「七大習慣」的第一個，也就是對錢保持理性，而非感性。我還會談到一些「金融個性」，不只讓我們思考事情時能有一些抽象的概念，更重要的是讓過程變得更加有趣。

你對錢最早的記憶是什麼？

我們小時候和錢的關係會對接下來的人生有顯著的影響。劍橋大學的一項研究指出，我們對於錢的態度早在七歲就已經大致定型[1]。

不是十七歲，是七歲！

出於這個原因，每個上金錢診所播客的聽眾，我都會問他們這個問題：「你對錢最早的記憶是什麼？」

我最喜歡的答案出自一位足球界的傳奇：索爾．坎貝爾（Sol Campbell）。索爾在倫敦東部的一間小房子長大，他是十二個兄弟姐妹中最小的那一個。他說自己對錢最早的記憶是翻遍房地產的傳單，因為他想知道如果要買一棟房子，擁有自己的房間要花多少錢[2]。

這樣的理想對索爾有什麼樣的影響呢？這是不是他把足球生涯的收入花在價值五千萬英

鎊豪宅上的原因呢？

吉娜・米勒（Gina Miller）是一位投資經理還有社會運動人士。從小在蓋亞那長大，吉娜記得媽媽對錢非常有一套。她說[3]：「媽媽對錢非常非常謹慎，我們還是小孩的時候她就告訴我，你今天擁有的一切很有可能在一夜之間就全部消失，所以你必須看好你的錢財。就算我爸的事業有點起色，我們家開始有點小錢，我們還是要很謹慎。」

這是否和吉娜對金錢強大的自信心有關呢？吉娜能夠成為好幾家公司的老闆，並成為倫敦最傑出的女性之一，是否也和這樣的記憶有關呢？我並不覺得這只是巧合。

你想聽看看我對錢最早的記憶嗎？反正不管怎樣我都會告訴你。

五歲的時候，我記得自己會在半夜偷偷爬下床，然後看到父母坐在餐桌前梳理家中的開銷。當時家中的金流滿緊繃的，但看到爸爸媽媽齊心協力，小心翼翼的計算每一筆開銷，這給足了我安全感。我也知道他們每週都會藏一點錢在媽媽那本超大的食譜裡，但我從來都不敢從裡面順個五塊錢走。

在我跟哥哥年輕的時候，媽媽並沒有工作。但她在父親薪水方面有這麼大的話語權一定對我帶來了一些影響，塑造了我後來財務獨立的個性。

但我們對錢的早期記憶並不總是那麼溫馨和模糊的。

一段悲傷的回憶是當時我一直想要新潮的服飾，拒絕那些二手的東西。當媽媽再次投入職場的時候，我有一段美好的回憶，是我們兩個去一家叫做Tammy Girl的服飾店逛街，那時她買了一套衣服給我。長大以後，我在買衣服上面一直都是毫不手軟，儘管每次我都發現自己做的決定並不是那麼明智。

錢，不論是有錢還是沒錢，都是一個巨大的衝突來源。很多朋友都告訴我，自己父母親不斷爭論錢的記憶一直卡在他們腦海裡。這可能會種下恐懼和難為情的種子，或者讓你對於錢難以啟齒，又或者你就乾脆絕口不提了，不過這樣做一定會有隨之而來的代價。

不好的回憶可以造就好的金錢習慣嗎？

負面的經驗也可以成為改變的催化劑。我的好友琳賽・庫克（Lindsay Cook）是「Mrs Mean Money Show」的播客主播，她對錢非常有一套，每當我有一些疑難雜症時，她永遠都是我第一個求助的對象。

琳賽在一九六〇年代的格林姆斯比（Grimsby）長大，她有一個暴躁的父親。琳賽說道：「父親很不擅長用錢，他喜歡買新車還有昂貴的衣服，他還花很多錢在克萊索普斯保守黨俱樂部（Cleethorpes Conservative Club）上，或者說是花在那邊的酒吧。我們家的生活必需品永遠都不夠用，他和母親也有很大的意見分歧。」

琳賽在有能力的時候就馬上離開家裡，展開她財經記者的職業生涯，並在二十幾歲的時候就買了自己的第一棟房子。她說：「那個時候，一個單身女人要買房是很少見的，但這是我最想達成的目標，我想達成經濟獨立，不要重蹈母親的覆轍，困在婚姻和金錢裡。」

另一種常見的「不好的回憶」是學校的數學課。在某一集慶祝國家數字日（National Numeracy Day）的播客中，一名二十二歲的聽眾潔德（Jade）跟我分享了她的故事。她清楚記得小時候數學帶給她的挫敗感[4]。許多年後，那些數學考卷上的紅色叉叉讓她不願再面對任何數字。

潔德深信自己不擅長「處理數字」，你是否也深有同感呢？

金錢和數學

我必須坦承一件事，在我唸書的時候數學一直是我最不擅長的科目，基礎的數學我還應付的來，但我永遠做得比別人慢。到了今天，我還是會用手機的計算機驗算簡單的加減法，因為我不相信自己的腦子不會出錯。

身為一名財經記者，我常常需要接觸一些比較複雜的領域，像是稅務和退休金，所以我必須克服這個障礙！我可能不是最快的那個，但我知道只要按照自己的步調，我一定可以得到答案，這是我一直都相信的事。

青少年的我十分叛逆，我曾經問過我的老師薩格女士（Mrs Saggar）：「老師，為什麼要學習勾股定理？我們長大後什麼時候會需要測量一個三角形？」

自從我勉強通過GCSE數學考試已經過了快三十年，但我從來沒有遇到過需要測量三角形的緊急情況，儘管我還記得A平方加B平方等於C平方。

這就是為什麼《金融時報》（*Financial Times*）的金融素養及包容運動（Financial Literacy and Inclusion Campaign, FLIC）想要學校的數學課教導更多的「金錢數學」。小孩子天生就對錢有興趣，其實有各式各樣的技能是可以教導他們的。比方說讓他們比較不同的手機方案，讓他們決定是要直接付清五百英鎊，還是分成二十四期，每期三十鎊？

會想到這樣的主題是因為手機和每個十四、五歲的青少年都息息相關。二〇二一年的年度個人財務導師得獎者是來自威爾斯科爾溫灣的尼古拉・巴特勒（Nicola Butler）[5]，但她課程的一部分是說明用信用卡支付接髮的費用。

她的目的是盡可能地讓課程生活化。在大家開始討論接髮的問題後，她很快就把話題導向消費債務的誘惑和借款的真實成本，也就是四百英鎊，而大多數人在頭髮長出來之後還持續支付接髮的費用。

所以與其花那麼多的時間教導學生三角形的理論，為什麼不解釋一下為何信用卡是最花錢的支付方式，為什麼「先買後付」會讓我們錢越花越兇，為什麼政府會對我們未來的收入徵收所得稅，或者為什麼從二十歲開始多丟百分之一的錢到退休金裡，等到退休時就能多累積百分之二十五的金額？

當然，我接下來會解釋這些概念，如果你在年輕的時候就知道這些東西，或許可以幫助你少吃點虧，或者建立一些好的習慣。

現在，讓我們回到你早期對錢的記憶。

由於接受到的金融教育不多，我們的父母、祖父母和其他家庭成員很可能帶來巨大的影響，又或者多年來我們主要的資訊和靈感來源就是他們。

想想早期對金錢的記憶非常重要。這也是一個很好的開頭，讓你和另一半或者家人開始學著討論錢。我會在第十章談論更多這方面的內容。

所以為什麼我要你回想過去的事呢？

因為這能帶來一些啟發，某段特別的記憶深植在你的腦海裡是有原因的。

習慣一：
拋下理性，保持理性

要把感情從金錢中抽離，這件事說起來容易做起來難。在本書中，我們會聽聽薇琪．瑞娜（Vicky Reynal）的看法，她是一位心理治療師，專門幫助人們理解對於財務的疑難雜症。

有太多時候，他們的問題並不是錢本身，而是金錢在他們的生命中象徵著什麼。不論你覺得自己和金錢的關係是「好的」，「壞的」或者不好也不壞，我想每個人或多或少都會有點收獲。

從表面上來看，我們可能花錢太過大手筆，忽視了自身的財務狀況，或者太過吝嗇，又或者承擔了太多的風險。但薇琪說這些行為背後的原因都是出於慾望和恐懼，對於安全感、力量、自信、男子氣、女子氣、控制或者愛的慾望和恐懼。

想要更加理性的處理金錢，我們需要承認並接納情緒在我們財務生活中扮演的角色，並把金錢視做一項工具，能夠幫助我們解鎖更多不同的際遇。

就其本身而言，擁有更多的錢並不能改變我們和金錢之間的關係，或者解決財務上的問題。統計數據顯示，百分之七十的大樂透得主最終都會破產[6]。不論我們有多少錢，想要理性的運用它們，就要能夠做出理性的決定。

等等我會向你展示，我們早期的金錢記憶有持續的影響力，這些記憶是形成我們習慣的根本。想想看你有沒有什麼習慣是讓你做出特定選擇的捷徑，你會像是開了自動駕駛一樣，甚至不太記得你為什麼會那樣做。我們在腦中建立了一系列的習慣，所以每個人都會用自己的方式去處理錢，而這會顯示出我們的「財務個性」。

舉例來說，你可能記得小時候把零用錢存進小豬撲滿的快感。長大以後，這樣的儲蓄習慣可能會成為你的第二天性，你可能很擅於存錢並控制自己的開銷。

相對的，你的記憶或許充斥著父母在爭論錢的問題，所以你把錢和紛爭連在一起，長大以後錢可能是你想要極力避免的麻煩。

對我來說，如果有一種特定的信封會掀起我內心的波瀾，那就是來自女皇陛下稅務海關總署（HMRC）的棕色信封。幾年前，如果我回家發現桌上來自稅務局的這樣一封信，我會非常驚慌失措。因為這可能是一筆很大的帳單，所以我會看都不看，直接把它藏在水果盆下面。

現在，我的應對方式是直接打開，連外套都不脫。我意識到如果你有稅務相關的問題，最好的方式就是盡快處理。通常，這些信都只是平庸的公文，告訴我我的稅號有所改變而已。

理解我們和錢之間的情緒基石可以讓我們恍然大悟，在意識到自己對錢的態度是如何形成的當下，我們往往會茅塞頓開。

最重要的是，這是改善你對金錢態度的第一步。

你的財務個性是什麼？

心理治療師往往會用「財務個性」的觀念來發掘我們和錢之間的關係，並更好地理解這樣的關係會如何影響我們的財務決策。

我的想法是：「嗯！」

另一方面，了解這些財務個性可以讓我們降低防備，探索我們最根深蒂固的金錢習慣的情感根源，並通過客觀地思考這些問題，找到更理性的方法來處理它們。

但人類是複雜的動物，再加上我們的財務個性有很多個面向。我們和金錢的關係很難用一句話概括，所以我想先友情提示一下，接下來我提到的不同種個性會很極端，而我也是用一種比較調侃的方式在描述。

回想一下之前學校的數學課，有點像是一張文氏圖。你可能會覺得自己夾在不同的光譜之間，至少我是這樣的。有時候試算表對我來說是得心應手，但有時候我只想把頭埋進沙子裡，或者一瓶冰涼的葡萄酒裡。

沒錯，就連金錢的專家都會有低潮！

我們必須接受是人都會犯錯的事實，這是過程的一部分。重要的是跌倒了再站起來，從錯誤中學習並繼續前進。承認自己覺得金錢很棘手並不可恥，就算棘手，但我們都要處理它。

最後，我也很擔心這些「標籤」會讓人們覺得自己和錢的關係是命中註定的，或者永遠無法改變的。在本書中，你會看到一些案例，證明改變是完全有可能的，儘管這樣的改變並不是一蹴而成。

不過為了改變你的心態，你必須更了解它。所以，讓我們看看你是哪一種人吧，你和哪種人有相似的財務個性，以及你能從哪些金錢習慣中得到幫助。

大手筆溫蒂

座右銘：當生活不如意的時候，就去逛街吧。

這可能是你的個性，如果：你記得起來簽帳金融卡或信用卡後面的安全碼，那是因為你有太多線上購物的經驗了。

個性特徵：對大手筆溫蒂來說，花錢往往是他們建立自尊心的方式。他們深信購買設計師服飾、潮鞋或者最新的玩意兒可以帶來快樂。他們享受花錢的快感，但這樣的快樂往往不會持續太久，買完東西後也可能會感到後悔或內疚。順道一提，男生也可以是大手筆溫蒂，我只是剛好想不到一個可以跟大手筆押韻的男生名字。

大量地花錢也可能是源自於心理學家所說的「身份焦慮」，過度地將自己和他人比較，然後害怕別人對自己的看法（哈嘍，Instagram！）。我曾經在一次活動中遇到一位實習教師，她刷爆了自己的信用卡，只為了購買奢華的禮物給她那些有錢的大學朋友，因為她怕他們會把她甩了。這位實習教師是一個可愛的女人，但她的高額債務是自卑的表現。

自卑的感覺可能源自於孤單或者缺乏自信心，不過花再多的錢也不太可能讓你變開心。

不論他們購物的衝動是什麼，大手筆溋蒂把自己未來的幸福暴露於風險之中，不斷剝削自己的儲蓄並累積債務。

大手筆溋蒂可以從這個習慣中獲益：一句話，訂定預算。如果你花錢沒有節制，早晚會自掘墳墓，訂定一個具體的存錢目標可以幫助大手筆溋蒂儲蓄。把你所追求的滿足感延後，而不是永久推遲，我們會在第二章講到這個。如果對你來說花錢是一種「獎勵」，可能是對自己的辛勤工作的獎勵，試著列一個免費或者便宜的獎勵清單，並用它來犒勞自己。

ＹＯＬＯ哥

座右銘：你只活一次。

這可能是你的個性，如果：你曾經不加諷刺地說出「奔向月球」這種話。

個性特徵：ＹＯＬＯ哥已經準備好冒巨大的風險來快速致富，即使他們可能很快就會破產，背後的原因可能更多的是絕望而不是魯莽。負擔不起的房租、巨額的學生債務、不斷上升的生活費，ＹＯＬＯ哥對這一切的反應很可能是：「為了理智而奮鬥有什麼意義呢？」

對ＹＯＬＯ哥來說，這些覺得自己不夠格的感覺很可能讓他們把錢和力量、地位和名聲連在一起。如果賺了錢，他們就會花在能夠顯現出自己的財富和地位的東西上。

對於投資的風險管理，他們的想法往往是「要嘛全贏，要嘛全輸」，他們砸重金在虛擬貨幣，或者單一股票上面，詳請請見第六章。YOLO哥對於談論錢沒有問題，但他們的弱點是同儕壓力。YOLO哥可能會在社群媒體上吹噓自己的投資績效，但虧損的時候卻很少有敢於承認的，內心深處，他們覺得這些事情非常棘手。

YOLO哥可以從這個習慣中獲益：把風險降低。YOLO哥可能自認是相當精明的投資人，但很多時候結果往往是出於運氣而不是你的判斷。適當降低你投資組合中的高風險項目，並花點時間學習本書第七章談到的基礎內容。你的退休金可能會比想像中的更加誘人，而且每個高風險的投資者都需要一筆資金來應對緊急情況。

哥布林

座右銘：我的寶貝！

這可能是你的個性，如果：與花錢相比，存錢帶給你更多快感。

個性特徵：哥布林的本質就是節儉的囤積者。他們天性節儉，非常善於存錢。他們喜歡清點自己的金銀財寶，對錢非常著迷。這是因為他們把錢和安全感連接在一起，背後的原因可能是長大的過程中沒有什麼錢。

然而，哥布林可能會覺得承擔風險很困難。他們可能寧願放著一堆現金被通貨膨脹吞噬，這一點我會在下一章講到。他們覺得承擔風險有難度，但完全不承擔風險的風險可能比他們想像中的還要更大。

哥布林也可能是埋頭苦幹，努力賺錢的那種類型。他們努力到基本上沒什麼時間可以享受自己的勞動成果。如果他們的另一半不是哥布林，這可能會是潛在的紛爭來源。

哥布林可以從這個習慣中獲益：允許自己享受部分的勞動成果。如果你先把現金流規劃好，在知道自己的預算不緊繃的情況下，花錢和投資可能會變得簡單一點。在第七章，我們會討論如何制定你自己的財務規劃。

試算表奴隸

座右銘：如果你沒有好好計畫，那你就是在計畫失敗。

這可能是你的個性，如果：你有夢到過Excel。

個性特徵：試算表奴隸不害怕數字，他們把錢當作一項工具，而這是所有人都應該要擁抱的習慣。他們往往會很仔細地計畫，善於運用科技去預測未來的數字，並小心翼翼地監測他們的財務數據。他們的規劃預算的技巧非常準確，甚至有個專門的區域叫做「意外開銷」，拿來計算任何出乎預期的狀況。但在某些情況下，試算表奴隸會為了一些不可控的事情付出過多不必要的努力。

過度思考的習慣，再加上為每一分錢精打細算，這兩者讓他們很難應付意料之外的事情。就好像哥布林一樣，試算表狂人覺得他們的財富和自我價值密切相關，但真正的財富不僅止於錢財，我們還需要投資自己的健康、朋友和感情。

試算表奴隸可以從這個習慣中獲益：把格局放大。計畫永遠趕不上變化，太過在意小細節會讓你和更大的目標脫節。是你在控制金錢，還是金錢在控制你？或者換句話說，你是不是對錢太過執著，以至於你已經忘記要享受人生了？第十章會幫助你找到新的方式，讓你和另一半討論金錢。

緊張兮兮仔

座右銘：對，不對，喔等等，對啦，可能吧。

這可能是你的個性，如果：你對錢有一種持續的潛在焦慮。

個性特徵：在這個時代，每個人對錢多少都有些神經質，不得不靠低收入生活是一個事實，而不是一個個性特徵。但就算是有一定存款的緊張兮兮仔，還是會在做出財務決定時感到掙扎。這可能是在其他方面缺乏信心，或者被一些財務行話給蒙蔽了雙眼。

很多時候，害怕做錯決定最後會讓他們什麼決定都做不出來，這可能會在長期之下讓他們付出代價。

高收入的緊張兮兮仔會隨便調整自己的投資，情緒讓他們做出代價昂貴的膝跳反應，比方說在投資價值下降時直接賣出。過度調整你的投資組合，或者太多的交易進出代表你花了太多不必要的錢在交易成本上。

緊張兮兮仔可以從這個習慣中獲益：試著忘掉那些你無法掌控的事情，專注在能掌控的事情上。跟別人談談你的焦慮，還有說出內心的恐懼會對你有所幫助。對緊張兮兮仔來說，和專業的財務顧問聊聊可能會是一個明智的投資。閱讀第七章及第八章的內容來瞭解如何「緩慢致富」，並學著如何用緊張的能量最大化你的收入。

鴕鳥

座右銘：我把頭埋進沙子裡。

這可能是你的個性，如果：每次刷卡的時候你都偷偷地禱告。

個性特徵：有很多開關會觸發鴕鳥行為。可能是過去數學課不好的回憶，鴕鳥往往不擅長處理金錢和數字。他們可能正在處理生活中的其他問題，所以不敢面對自己的財務狀況，或者對於自己之前做過的財務決定感到羞恥，卻不好意思尋求幫助。鴕鳥可能有財務方面的創傷，比方說被詐騙集團擺了一道並失去信心。他們也可能依賴自己的伴侶或家庭成員幫忙處理錢的問題，對於自身的財務狀況一無所知。

內心深處，鴕鳥知道不弄清楚自身的財務狀況是有所代價的，可能是滯納金，也可能是失去賺錢的機會，但他們對處理錢的恐懼大於對這些代價的恐懼。

鴕鳥可以從這個習慣中獲益：一步一腳印，一次一件事。處理錢可能會讓人不知所措，而沒有人應該試圖一下子就解決所有事情，這只會讓你想把頭硬生生地埋回沙坑裡。相反的，選一件事情來處理，給自己設置最後期限和完成後的獎勵，這會帶給你接著處理下一件事情的信心。如果你還是感到害怕，想一想身邊是不是有其他的鴕鳥夥伴呢？在第三章，我會講到很多很多關於自動化的技巧，我相信你和你的夥伴一定都會很喜歡。

現在我們已經介紹了幾個對金錢的常見反應，希望給這些角色下標籤可以讓我們用更客觀的方式去思考，這會讓我們更容易和自己的伴侶或朋友討論錢的問題。

我個人認為，我是百分之五十的哥布林，百分之四十的試算表奴隸再加上百分之十的大手筆溫蒂，但有時候我也會覺得自己是鴕鳥。

自尊心是很昂貴的情緒。錢的本質就是，我們越忽視它，問題就會越糟糕。向他人尋求幫助並不可恥，在這本書中我提供了很多的免費資源和建議，我也會陪著你一起學習這些習慣，讓人生變得更加美好。

關鍵就是要先認知到這些財務個性的存在，並用一個更理性的方式問自己：「如果我採用不同的處理方式，事情會變得怎樣呢？」

想知道如何開始，你只需要翻到下一頁。

第二章
花錢，花錢，花錢

我會從關於錢我們最熟悉的領域開始，也就是花錢！

不論我們是否有意識到，資本主義像是雷射槍一樣瞄準著我們的頭腦，讓我們花自己沒有的錢在自己不需要的東西上。

面向消費者的公司，會投資大量的錢在「訓練」我們成為更乖更有利可圖的消費者。從好幾百萬的廣告和營銷策略，一直到促銷和社群媒體的嫉妒心理，這些公司對於「玩弄」我們真的很有一套，也懂得如何操縱我們的情緒。

但誰教過我們要如何抵抗這些把戲呢？

在本章節中，我會告訴你一些公司常用的吸金技巧。我們會花一點時間思考七大習慣中的第二個：用心做決定。我也會分享一些訓練大腦的技巧，讓我們可以把錢花在真正有價值的東西上面。

省錢的迷思

我在網路上看到一雙一百英鎊的鞋子。網購我好歹也是黑帶等級的，所以我就開了一個新的分頁尋找折扣碼……找到一個！

太棒了，八折的折扣碼。去結帳頁面，複製貼上，有效的折扣碼！

我想問你的是：「我省下了多少錢？」先把答案放在心中，我們等等會再討論。

我可以毫不避諱地承認折扣是讓我掏出錢包的動機之一。折扣店、最終促銷、購買超市的即期品，更不用說那些一次買六瓶就有七五折的紅酒，真危險啊……

省錢的感覺很好！當朋友稱讚我身上的衣服，我可以沾沾自喜地說：「我打折的時候買的！」這樣的感覺太棒了。事實上，對我來說要購買沒有折扣的東西非常困難。哈嘍，我內心的哥布林。

舉個例子，假設我在店裡看到兩件毛衣，一件四十英鎊，另一件折扣完後也是四十英鎊，但原本的價錢更高。我一定會買折扣的那件，你也會吧？有兩個優點，一件好的毛衣，還有省下的那些錢！折扣的東西感覺CP值都更高，但我忘記的是自己已經有至少十件毛衣了……

那麼。回到原本的問題，用八折的折扣碼買到的那雙鞋子，我到底省了多少錢？

感覺我好像省了二十元，但正確的答案是我花了八十元，「花錢省錢」是有史以來最大的省錢迷思。

我們都想要省錢，尤其是現在，而大公司們都知道這件事。但他們不想要我們少花任何一毛錢。所以，透過強調不同的價格、折扣還有點數來誘惑我們。通常他們也會設定一個最後期限，讓我們儘早把卡刷下去，快點！這週結束前要搞定！

你之前有注意過這些嗎？

- 消費滿一百五十現折十五
- 消費滿五十現得五百點
- 三個十塊錢（好笑的是你其實只需要兩個）

我們被說服去花更多的錢，但我們卻仍堅信自己正在省錢。這樣做更容易為自己辯解，我們的預算可能已經爆了，但沒關係，因為這次撿到便宜了。

所以，我們的腦袋發生了什麼事情？為什麼會騙自己說花錢就是省錢？然後我們要如何把這個想法給導正呢？

提姆．哈福德（Tim Harford）以金融時報「臥底經濟學家」的專欄作家和廣播電台「More or Less」的主持人而聞名。他是行為經濟學的專家，專門研究影響人類決策的因素，他向我解釋，我們對「便宜貨」的認知是出於比較。

不論線下或者線上購物，當我們考慮購買一個商品時，我們會查看價錢並問自己：「這個貴嗎？」而要找到這個問題的答案，我們必須拿其他東西的價格來比較。

提姆跟我解釋：「零售商用優惠讓一項商品看起來是一筆誘人的交易。」

拿那雙運動鞋當作例子。鞋子的原價是一百元，但今天特價變成八十元，實際上，零售商很少用整數當作價錢，從心理學的角度出發，數字九結尾的價格會讓人感覺更便宜，所以我們先假設那雙鞋是從九十九元降價到七十九元。二十塊的價差讓我們欣喜若狂，甚至不會想到要拿七十九元這個數字，去和其他店家或網站類似的鞋子比價。

提姆把這個稱之為「認知捷徑」（cognitive shrtcut），把折掉的錢當作最好的價值指標比較容易。我們只需要付七十九元就能擁有九十九元的運動鞋！而問題只有一個……

提姆說：「很多折扣都是編造出來的，原本的價錢就是假的，他們只是想讓折扣看起來更誘人罷了。」

規則是，零售商必須在一定的期間內用原價販賣商品，但實際上，他們可以編造出一切他們想要的折扣。

另一個有關折扣的例子是相機或者麵包機的銷售。史丹佛大學研究美國的消費者後發現，如果你提供兩個選擇，一台一百四十九元的相機和一台四百九十九元的相機，他們比較容易被便宜的選擇吸引，但如果你再多提供一個價格九百九十九的炫砲相機，忽然之間，中間的那個感覺好像就變划算了。

同樣的道理也被運用在「先買後付」，我們會關注在每個月很小額的分期付款，而忘記了數目比較大的總價。我會在第四章深入探討這個問題。

然而，肯定沒有比「黑色星期五」這個價值數十億美元的消費狂歡節更好的例子了。

每年，英國消費者團體「Which?」都會對各種交易和優惠進行事後分析，而他們的結果往往是黑色星期五的價格並沒有多省，有時候甚至更貴。

但我們想要從撿便宜中得到快感的渴望（以及跟其他人說我們省了多少錢！），是一個讓你花更多錢的強力開關。如果你曾經不經意地瀏覽亞馬遜黑五的特價清單，試著從中尋找一些便宜貨，你就會清楚地知道我在說什麼。

心理學家用享樂跑步機（hedonic treadmill）的概念來說明這一行為，也就是不論我們追尋什麼樣的短期快樂，大多數人很快就會掉回原本的滿足水準。我們渴望從購買某種東西中獲得短期的快感，或者讓自己覺得我們撿到了好貨，但這可能只能帶來短暫的快樂，不久之後，我們又會開始瀏覽購物網站，尋找下一個快感。

小訣竅：這真的是便宜貨嗎？

如果你真的需要某個東西，比方說要換一台手機、電視或者電腦，那等到黑色星期五或者網路星期一等折扣日可能是個合理的策略。你可以用像是Camelcamelcamel、PriceSpy和PriceHistory等價格追蹤工具來觀察價格走向，確保你物色的商品是真的有打折，從而明智地規劃你的消費。

在你盯著打折的便宜貨時，問問自己，是這個商品吸引你呢，還是這個折扣吸引你？

我的父親鮑伯有個很好的思考方式：「如果你不買，那就是百分之百的折扣！」對了，鮑伯已經快要八十歲了，他至少有一件年紀比我還大的毛衣。

價格上漲

零售商知道我們「花錢省錢」的錯覺是有史以來最強大的，因為我們知道自己的錢不像過去一樣值錢了。寫這本書的時候，我們正經歷英國超過四十年以來幅度最大的通貨膨脹，也可以理解成價格上漲，這讓每天的日常開銷都更加昂貴。

我們避不開的生活必需品價格正在飆升，像是水電費、食物、汽油和柴油，就算你不開車，運送商品的的成本也會反映在商品的價格上。

問題是，大部分人的薪水並沒有用一樣的速度成長。

所以，我們要如何應對通貨膨脹呢？

- 我們可以試著要求加薪。如果雇主拒絕的話，試著用罷工或著離職的方式抗爭。
- 我們可以省著點花，少買一點東西，用便宜一點的東西，像是超市自己推出的品牌。

- 我們可以借錢來彌補空缺，但這樣做有其成本，寫這本書的時候，英國信用卡的債務已經創下新高。

對於低收入的人來說，通貨膨脹的影響更是深遠，因為他們大部分的收入都被日常花費給占據了，其中的前三名是水電費、食物和汽油。

收入比較高的人預算也比較寬鬆，他們可以選擇少花一點錢在非必需品上，像是渡假、外食或者新的運動鞋。但如果利率上升導致每個月的貸款要多付幾百英鎊，你就必須從其他地方補足這個開銷。

問題是，**少花一點錢**在我們想要的東西上，感覺就像是吃了閉門羹。不行，你不能買這個，抱歉，我們負擔不起這個。在這種悲慘的時刻，當我們為了生存而拚命工作時，往往是覺得最需要獎勵的時刻。

伸手刷下信用卡的誘惑只會讓下個月的開銷成為一個問題，那麼到底有沒有心理學上的方法可以訓練我們的大腦，讓我們少花一點錢，同時變得更快樂呢？

讀者們，讓我介紹美國金融教育專家蒂芙尼・阿里奇（Tiffany Aliche）的智慧，她更廣為人知的是在社交媒體上幾千個粉絲的帳號：「The Budgetnista」。

蒂芙尼的系統叫做「需要，愛，喜歡，想要」，她說這是消費之前需要問自己的四個問題，你可以在Netflix上的節目《聰明生活經濟學》（*Get Smart with money*）中聽她解釋。

「**需要**」是不用商量，用來維持自身及家人健康和安全的必需品，像是你的房租或貸款，水電費，食物。

「**愛**」是你的夢想，一次特別的渡假，買一棟房子，買一棟大點的房子，也可能是花一點時間在你最愛的興趣上，或者自己創業。

「**喜歡**」是可以為你帶來暫時滿足感的消費，可能是六個月左右的滿足感。像是購買你喜歡，但不一定需要的衣服。

「**想要**」是你只為了買而買，像是三折的坐墊，你買了也不會開心，只是像抓癢一般。

根據蒂芙尼的說法，如果你專注在你需要的和你愛的，你便能活得更有意義。但如果你花太多錢在喜歡的和想要的，你的人生就沒有那麼美好了。

習慣二：
用心做決定

蒂芙尼的策略只是我們建立起我前面提過的七大「超級習慣」之二的其中一種辦法。

你之前可能有試著練習所謂的正念，或者你有可能在疫情期間下載過正念應用程式（我就是這樣！）。正念的核心概念是暫停一下，為自己營造一點空間，深呼吸是大家常用的輔助工具。在保持正念的時候，我們會觀察並注意周遭正在發生的事情，然後獲得一些新的觀點，幫助你反思現在正做出的決定。

為什麼我們在處理錢的時候會需要用到正念呢？每一天，從查看自己的帳戶餘額，到比較超市裡商品之間的價格，或者外帶一杯拿鐵，我們都會做出很多財務上的選擇。還記得提姆．哈福德教我們的「認知捷徑」嗎？如果在做決定時都想得太過深入，大腦就會有點不堪負荷。讓大腦打開自動駕駛模式對我們來說比較輕鬆，只要「且行且花」就好了，完全不會意識到每一筆開銷累積下來的後果。

行動支付還有各種五花八門的支付方式減輕了付錢時的阻力，我承認自己有時候甚至都不會看價錢，這真的是很糟糕的一件事。隨著價格因為通貨膨脹不斷上漲，我們對於自己的開銷需要更加留心。

「我的錢都去哪了？」要回答這個亙古不變的問題，就要更加留意我們做出的各種決定。

我不想用「編列預算」這樣的字眼把你嚇跑，因為這聽起來充滿了各種限制，我比較喜歡說「花錢計畫」。提前想想看你要怎麼花錢、存錢還有投資其實會讓你覺得很自由。在數位工具的幫助下，設定好一些基本的數字可以讓你不用過度擔心各種開銷要如何選擇。更重要的是，這能讓你覺得自己的錢在掌控之中，進而緩解你的財務焦慮。

所以我們要怎麼開始用心觀察自己每天做出的決定呢？

蒂芙尼的系統鼓勵我們花更多的錢在「愛」，也就是那些真正重要的東西。我發現如果你把這些「愛」變成具體的存錢目標，就更容易達成特定的存錢目標。

如果你可以花五十塊錢在「喜歡」或者「想要」，也可以為了一個一千塊的「愛」，把這五十塊錢存下來，比方說下一次的渡假。那這個選擇就不再是拒絕自己，而是把這個滿足感往後延期。今天你做出不花錢的選擇，其實就是選擇把這筆錢花在未來對你更有價值的事情上。

每當你抑制自己揮霍的慾望，你的財務意志力就會成長。如果每個月都可以為了緊急資金或者渡假存下一點錢，下一步就可以是為了你的「未來資金」存錢，我喜歡把未來資金想成退休金，這個部分我會在第七章深入探討。

如果做得到這件事，你就是在朝著財務獨立邁進，而這比消費主義帶來的短期快感來得更有意義。你拒絕花錢在不必要的東西上，並把錢當作一個工具，為自己購買未來的機會，不論是自己的熱忱所在，旅遊，為了某筆大的支出而存款，或者是讓六七十歲的自己有能力可以不用工作。

賺這些錢花了多久時間？

上班的本質就是用時間換取金錢。一個可以讓你重新看待價錢的方法，就是計算自己需要工作多久才能買到這項商品。

要做到這一點，你只需要自己的薪資單。

右下角的數字是你的**淨薪資**，也就是扣掉稅金，學生貸款還有零零總總的東西之後，你實際得到的工資。

一個月平均工作二十一天，所以我們**把這個數字除以二十一**，得到的答案就是你用八小時左右的時間換來的錢。

對於一個年薪三十萬英鎊（編按：二〇二三年八月，一英鎊約等於新臺幣四十元）的人來說，大約是每個工作日賺進九十二英鎊，或每小時十一點五英鎊。一旦知道了你自己的數字，相信我，你會用不同的方式看待很多事情。

為了和大手筆溫蒂的朋友吃飯喝酒，花掉工作一整天賺進的九十二英鎊真的值得嗎？或許之前你都覺得是值得的，但這樣的對比在賺錢和花錢之間建立了強大的聯繫，幫助我們思考如何善用自己的錢。

當然，我們要支付日常生活的必需品，還有一些有趣的東西。你需要工作幾天才能付房租或者貸款呢？

開始用這樣的方式思考錢，我們就離制定預算更進一步了，或者說制定花錢計畫，也就是把我們所賺的錢分配給不同的用途。在下一章，我會讓你知道這其實比想像中的還要簡單。

你對錢有多勇敢？

在進入實際一點的層面，也就是管錢的層面之前，我想要討論一下情感上拖累我們的障礙物，並探討克服這些障礙的方式。

我很確定你應該有些財務上面的問題，是你很早之前就想整理清楚的，但每次都像看牙醫一樣，還沒見到醫生就已經嚇個半死了。

對於查看自己的銀行餘額你可能感到很緊張，這聽起來可能是件小事，但相信我這完全不小。你可能想要和某人討論自己的債務問題（見第四章）。也許你有足夠的勇氣向公司的人力資源部門發送一封郵件，請看我在第二一九頁提供的建議。或者你敢於在工作中要求加薪，但請確保在這樣做之前先閱讀第九章！

我們對於這些事情感到害怕，是因為擔心可能的負面後果：

- 如果我們查看銀行的餘額，可能會發現自己沒錢花了。
- 如果向他人尋求幫助，就要承認自己有所不知，或者是自己過去的錯誤，而這讓我們感到羞恥。

- 如果我們要求加薪，老闆可能只會叫我們到一邊去！

無視會讓財務問題惡化（哈嘍，鴕鳥！），也會降低我們得到好結果的機會。

對於看牙醫，我是個十足的傻瓜，我不知道自己更害怕什麼，是被鑽牙齒，還是收到帳單。我曾經有幾年沒有去看牙醫，結果後來花了一大筆錢做根管治療，如果及時發現的話，只需要稍微補一下就好了。

類似的案例，我有一個工作上的朋友，她遲遲沒有詢問公司的退休金計畫，她在加入金融時報時選擇了退出，因為她不明白那個的運作邏輯。幾年後，我們成為朋友後，她向我求助，我發現她因為沒有成為會員而錯過了近五萬英鎊的收入。這真的會讓人懊惱萬分，不過自從她重新加入後，已經獲得了數萬英鎊，所以其實永遠都不會太晚。

談到財務問題時，為了要成功跨過那最難的一步，我們也需要用正面態度看待可能的後果：

- 查看自己的帳戶餘額，讓我們能夠維持正軌，避免昂貴的透支費用。
- 尋求幫助代表我們可以得到支持並解決困難，這是力量的象徵，而非軟弱。
- 至於加薪，我最喜歡的人生道理之一就是：「沒問就沒機會！」

所以回想一下自己鼓起勇氣解決問題時的感覺，還有問題解決後的如釋重負。另外，涉及金錢時，我們可以用現金來衡量自己的進展，如果我們不關注這些數字，如果我們拒絕發問，如果我們不爭取自己想要的薪水，這些東西都有其代價。但如果有足夠的勇氣去試著解決這些問題，我們只可能從中受益。

還需要推你一把嗎？讓我向你介紹最偉大的勇敢專家。已故的黛博拉・詹姆斯（Deborah James）夫人在她的遺作《閉上眼之前，為自己按個讚：被醫生宣判死刑後的美麗人生》（*How to Live When You Could Be Dead*）中建議，當我們面對恐懼時，要對自己說：「我真的很害怕接下來可能會發生的事情，但我還是要去做。」

下一章，我會教你一些經歷過時間考驗的技巧，讓你更能掌握自己的財務狀況，並把它融入你的日常生活。

覺得有點超出你的舒適圈是正常的，記住，錢是感性的！所以要勇敢，深呼吸，去做你認為自己做不到的事情。（在你這樣做的同時，我要來預約下一次的牙齒檢查了。）

第三章
搞清楚你的財務狀況

我們已經了解大公司誘惑我們花錢的手段，也討論了如何用正念做每一個決定，並放大自己的財務格局。還有，我們探索了一些克服心理障礙的方法，讓我們不再害怕面對自己的錢。

現在是時候進入下一個階段了，也就是實用的步驟，讓我們重新掌握自己的財務狀況。不斷上漲的生活費代表在月底前我們就可能把錢花光，錢都跑去哪了？

為了找出這個問題的答案，你需要制定預算，但這是件沈重的事。建立一個系統並追蹤自己的收入和開銷聽起來很費事，但基於以下三點，把錢花光的代價更大：

- 透支費和信用卡利息（見第四章）。
- 向家人和朋友借錢的尷尬
- 對心理健康造成的壓力和代價（繼續閱讀利茲的故事）。

根據我的經驗，沒什麼錢的人最擅長制定預算。原因很簡單，他們必須這樣做！如果你沒有很多錢，就會對日常生活費用的任何變化非常敏感，同時也要縮衣節食並確保自己的收入。如果你是單親家庭，這種情況就更加明顯。

在生活費的危機之下，許多有錢的政客提到各種省錢的無稽之談，像是買一個全新的熱水壺能夠在一年內省下十英鎊的電費。

我想到奧斯卡·王爾德（Oscar Wilde）說過的話：「有時，窮人因為節儉而受到讚揚。但是向窮人提倡節儉的行為既怪誕，又具侮辱性，就像是建議一個正在挨餓的人少吃點。」

在這樣的時代，我們只能「節流」，但你無法透過制定預算來擺脫極端的貧困。這就是為什麼我們需要政治家想出更好的解決方案，而不是拿錢去買新的熱水壺！

然而，那些賺更多錢，對於花錢有更多選擇權的人，往往更有可能面臨預算爆表的危險。

網紅錢罐先生（Mr MoneyJar），也就是有名的金融教育家蒂米・梅里曼・強森（Timi Merriman-Johnson）說道：「不制定預算就好像在沒有手錶或時鐘的情況下計算時間。在日常生活中，你不斷查看當下的時間，並利用這點來規劃自己的一天。為什麼說到花錢，事情就變得不一樣了呢？」

我開始制定預算的時間點和原因

對於二十三歲的我來說，情緒是最大的難題。大學畢業時背著兩千英鎊的債務，看著這些負數讓我感到很沮喪。為了擺脫債務，有很長的一段時間我都從事著一份高強度的「好工作」，並把所有空閒時間花在尋找一份「適合」記者的工作，但基本上所有工作都需要無償做事。

我覺得自己是個敗筆，也不想要看到銀行餘額的負數，所以我開始不斷花錢，試著忘掉銀行餘額並無視所有郵件，當時，網路銀行的手機應用程式還是遙不可及的夢想。然而這並沒有減少我的焦慮，我一直都很害怕自己的信用卡會拒付，而有時候我的卡確實已經刷不過了。

這是我「最鴕鳥」的時候。

一直到一封信才讓我恍然大悟，信封讓人一看就知道是個大麻煩。之前為了省錢，我取消了自己健身房會員的自動扣款，然而根據健身房條款和規定，我必須要提前六週通知健身房，這非常狡猾，因為這代表我又要多支付兩個月的會費。

健身房曾經寫信通知過我，但我並沒有打開那封信。所以現在我必須支付五十英鎊，再加上額外兩個月的費用才能把債務一筆勾銷。而且，由於已經拖了太久，我甚至不能使用那個該死的健身房！

這真的太浪費錢了，當下我非常生氣，但最氣的人還是自己。儘管我非常害怕知道自己的財務狀況，但我意識到渾然不知其實更可怕。為了重回正軌，我拍拍頭上的沙子，開始忍受幾個月的省吃儉用。當時我的主要食物是罐頭，去酒吧也都帶著現金，這樣就不會把卡刷爆。我其實可以連酒吧都不去，但你知道的，該喝的還是要喝！

後來我逐漸意識到，花多一點時間查看這些數字更能讓我感覺事情在掌控之中，並實際減少我對錢的焦慮。

同時，在工作方面出現了一個奇蹟。我當時受僱於一家臨時工機構，那邊的工作人員問我想要什麼樣的工作，我說「新聞業，但你應該很難幫上我的忙。」後來他幫我找了一份在地產週刊的工作，我的職務是編輯秘書。一年後我被指派為記者，剩下的故事，正如他們所說，就是歷史了。

化身金錢偵探

除非討債的狼群已經找上門來了，不然你可能對查看數字非常反感。但好消息是，踏出第一步只需要做一件非常簡單的事情。

觀察你的錢從哪裡來，以及往哪裡去。

「一開始完全不用改變你的任何習慣，只要注意自己的錢跑去哪了就好。」這是來自夏洛特．傑索普（Charlotte Jessop）的建議，她原本是一名老師，後來轉換跑道成為個人財務導師，在社群媒體上以Looking After Your Pennies之名聞名。

很多人認為制定預算就只是關注自己所花的錢，但你也需要留意自己各種賺錢的管道，為什麼呢？我們能夠節流的部分是有限的，專注在提高自己的收入或許才是更有效的方法！所以想想看你所有的收入來源：

- 你的薪水（有關請求加薪的內容請查看第九章）
- 任何副業的收入
- 政府補助的水電瓦斯費
- 生日及節慶禮金還有折價卷
- 育兒津貼或者是贍養費
- 免稅托兒服務的權利
- 儲蓄的利息
- 返利
- 任何退款項目（檢查一下這些款項是否已經退回你的戶頭）

接下來，看看自己的開銷狀況。雖然在情感上可能有點難實踐，但用網路銀行應用程式查看自己的交易紀錄是很容易的一件事，而且你每做一次就會變得更簡單一點。

夏洛特說：「你要找的是數據的規律。你一個月花多少錢在食物上？你星期五晚上常常吃外食嗎？」

只需要按幾個按鈕，網路銀行應用程式就可以把你的月開銷分類。有些甚至可以按照商家的不同來分類，讓你知道Uber、亞馬遜或者Deliveroo在你的支出中占了百分之幾。

夏洛特建議：「你不需要停止做任何事情，只要跟大衛・艾登堡（David Attenborough）一樣開心地活著就好，然後用第三人稱的視角觀察自己的財務狀況。」這之中包括查看每個月的信用卡利息和透支費用，我會在下一章聊到更多他們沒有告訴你的事情。

下一步？反思。

你可能會發現有些東西很明顯是可以省下來的，比方說串流媒體服務和未使用的訂閱，如果你的雜誌甚至連外面的塑膠封膜都沒拆，就取消訂閱然後接受自己沒時間閱讀的事實吧。健身房、餐盒、咖啡、清潔用品、植物甚至是衣服，越來越多的商品是用「訂閱制」的方式販賣給我們。這背後的原因很簡單，商人們喜歡每個月固定的收益，但是月復一月，這是一筆很大的開銷。同樣的道理也適用於越來越多的手機應用程式訂閱服務，這些服務有時候在特定的時間段很便宜，但自動續約之後價格就會飆升。或者，你可能有注意到自己的電話費很高，這時候你就可以檢查一下合約是否已經到期了（關於這點你可以查看七十八頁的內容）。

如果你支付這些款項的方式是月底和銀行借錢，那麼這可能可以讓你省下「雙倍的錢」。

小訣竅：取消訂閱Netflix真的有所幫助嗎？

Netflix的訂閱費用並不高，但當你查看自己訂閱的所有串流媒體服務時，情況就不一樣了。

Netflix、Sky、Disney、BT Sport、亞馬遜Prime、Britbox、Spotify……把這些費用放在同一個分類下可以讓你看到自己每個月為了這些東西付多少錢，也可以注意自己的伴侶或者是室友是否有重複的訂閱。

狠心一點，哪個才是你會看的？花一個月的時間測試看看，可以在手機裡列一個清單，記錄自己看了什麼。基本上這些串流媒體服務就算取消之後，也可以輕易地重新訂閱。

鼓起勇氣把這些輕鬆的事情做完之後，你可以開始做一點小實驗。夏洛特的建議是：「從小事情開始，比方說每週少花五英鎊在食物上面。」還有，如果你常常因為「花錢省事」而吃虧，可以在第七十六頁查看我吃飯的計畫。還是想要在星期五的時候外食嗎？沒問題，但是你可能要在其他地方稍微省下一點錢，或者改成每兩個星期五外食一次。

如果可以控制日常開銷，就有希望能夠存下一點錢拿去儲蓄或者投資。習慣留一點錢以備不時之需是很有用的技能，即使是一小筆錢也能醒我們的財務肌肉，並隨著時間推移慢慢變成一個強大的習慣。

小訣竅：為什麼你要繼續外帶咖啡，或者酪梨吐司？

大多數的理財專家都會撻伐買咖啡的行為，好像這是一種滔天大罪，但我有不同的看法，想想看那杯咖啡帶給你的價值。我的朋友瑪姬有兩個小兒子，對她來說，到咖啡廳喝咖啡（而且不用帶小孩！），是她當天計畫的最佳地點。這就像是和自己開會，如果你有一份壓力很大的工作，離開辦公桌出去和同事去買杯咖啡，可能會對你的心理健康有大大的幫助（特別是還有八卦可以邊喝邊聊的時候）。

不論是咖啡、酪梨吐司或者外帶食物，我並不反對你花錢在這些東西上，但請確保它們能夠為你帶來價值和滿足感。

現在，你應該已經達到了夏洛特所說的財務親密（financial intimacy），你已經可以開心地和自己的財務近距離接觸。

夏洛特說：「當你知道自己的財務狀況，只要帳單上有些許變動，你就會立刻知道有事情發生了，並且能夠立刻調整。」

她把這個過程和計算卡路里相比：「一開始，你花很多時間研究每一個標籤，但一陣子之後，你就可以毫不費力地做到。財務問題也是一樣的，一開始需要付出一點心血，但長期看下來一定會得到回報。」

最好的制定預算方法是什麼？

簡短的答案是，找到最適合你的方法！每個人都不一樣，如果你有勇氣隨便問一個朋友他們制定預算的方式，你就知道我是什麼意思了。

我之前有詢問過Instagram上的粉絲，他們大部分都是用試算表的方式，如果你沒有Excel的話，Google試算表免費的模板也很方便。

但如果你想要一個自動化的方式（這樣很好！），可以考慮使用開放銀行（Open Banking），把所有的銀行帳號、信用卡甚至是貸款和退休金，所有數據都整合在一起。

這可以讓你一目了然，看到控制每天的花費是如何幫助你增加儲蓄、減少債務甚至增加投資。

開放銀行的手機應用程式和網站必須要受到金融行為監管局（Financial conduct Authority, FCA）的監管，並受到嚴格的安全和資料保護約束。每九十天，你就必須更新一次許可認證才能繼續分享你的數據。

在我的粉絲之中，Money Dashboard Neon是最受歡迎的方式。不論是一個人還是情侶，都可以把他們所有的帳號放在單一個「儀表板」上，並清楚地看到全部的財務資訊。

Money Dashboard Neon有手機版和電腦版，如果你嫌手機螢幕太小，後者就很適合你。

錢罐先生說：「它會自動分類你的交易，如果你發現分類有錯誤也可以手動更正，它會把更正過地方學起來。例如：你的健身房會費可能被標記為『帳單』，但你可能想把它放在『個人保健』的分類。」

你也可以用「按商家查看」的功能來觀察自己在不同網站或者店家的花費（對，就是亞馬遜網站），同時也可以創建自己想要的分類，例如我有一個分類叫做「花錢省事」。

請記住，就像任何免費的服務一樣，你會需要用其他的方式付費。這款應用程式可能會匯總你的消費數據並匿名出售，因此，在使用前請確保你閱讀過服務條款與條件。

通貨膨脹會對我有什麼影響？

進一步觀察你的開銷，代表我們會對通貨膨脹更加敏感，會發現我們購買的東西變得越來越貴。

購物

隨著價格上漲，我們的錢沒辦法像以前一樣購買那麼多東西。

假設每年的通貨膨脹率是百分之十，這代表我們平常購買的東西今年會比去年平均貴上百分之十。

所以一個去年一百元的東西，今年你要用一百一十元才能買到。

收入

許多人有年度薪資回顧。你的薪水需要跟著通貨膨脹率一起上漲，才能夠跟得上價格上漲的速度。

回到百分之十通貨膨脹率的假設，一個去年收入三萬英鎊的人，今年需要賺三萬三千元才能享受和去年一樣的購買力。

如果你的薪水漲幅比通貨膨脹率還低呢？那就跟被減薪沒兩樣了。

用另一個角度想想看，如果價格以每年百分之十的速度上漲，你手上那三萬元的購買力就只剩下兩萬七千元。如果只看數字，你的薪水並沒有改變，但考慮到通貨膨脹的影響，經濟學家會說你「實際上」變窮了，

現金儲蓄

高通膨率也像是一把縮小雷射槍，縮小我們現金儲蓄的購買力。

假設你把一百元存到儲蓄帳戶裡，同樣在通膨率百分之十的狀況下，一年後，你會需要

一百一十元才能買一樣的東西。除非你的儲蓄年利率高過通貨膨脹率，否則你的財富實際上只會「向後退」，購買力會比去年還要弱。

寫這本書的時候，活期存款的利息大約是一年百分之三。存入一百元，一年後你會有一百零三元。三塊錢總比什麼都沒有來得好，但在通膨率百分之十的情況下，你儲蓄帳戶的購買力還是下降了約七塊錢。

所以通貨膨脹會侵蝕我們的儲蓄，這也是為什麼對錢比較精明的人喜歡把長期存款（指的是他們短期內不會用到的存款）拿去投資股市或者房地產，這些東西的價格比較有可能跟得上通貨膨脹的的速度，我們會在第七章探討更多的細節。

但請記住……借錢的利率比這些都來得更高！

儘管利息很低，也不要輕易就放棄現金儲蓄。在緊急情況下，**借錢需要支付的利率非常**非常高，信用卡大概是百分之二十，透支的話大概是百分之四十。

培養你制定預算的技能

意識是成功制定預算的核心技術之一，其中包括定期確認自己手上的錢，你可能可以每週或是每月的某一天定期做這件事情。也請記住，沒人可以做到完美！生活會有突發狀況，這就是為什麼你需要定期查看銀行裡的數字，才能即時做出必要的調整。

大多數的人把銀行餘額想成每個月的預算，因為我們通常是一個月付一次帳單，但是每週確認自己的餘額可以幫助你快速發現任何問題。情侶或室友可以制定一個「金錢日」，來減少討論金錢相關議題時的尷尬，在第十章我會講到更多相關的內容。

財務管理（Fin-min）是另一個核心技能。

保持井井有條對你的財務來說是最強大的助力！我相信用自己喜歡的文具可以讓處理錢變得更得心應手。可愛的活頁夾、筆記本、便利貼、貼紙，這些可能會需要一點前期的投資，但如果能夠幫助你改變或者建立習慣，讓你對做「錢的事情」不那麼恐懼，就完全值回票價了。

我有一個待辦事項的清單，專門記錄財務相關的事情。我會在星期天早上預留「黃金一小時」專門處理這堆事情，結束之後，我常常會用一頓健康的早午餐來獎勵自己。如果我要處理的任務太過龐大，我就會把它拆成許多個小任務來逐一完成。

如果你的財務狀況非常單純，一個文件夾就可以讓基本的文書工作井然有序。不過我們的帳單、銀行報告單和工資單都慢慢走向無紙化，這可能會成為另一個障礙。作為你每個月「檢查」的一部分，確保你下載並查看這些東西，把每一件你要做的事情記錄下來並在網路上歸檔。

最後，我有一台碎紙機，拿來銷毀舊的文件以保護我的個資。

提前計畫

制定預算不僅能夠幫助你觀察發生了什麼事，也幫你準備好應對即將發生的事情。我喜歡先預測會有的花費，這樣我就可以為了今年的重大事件「邊走邊存」，像是假日、聖誕節、校外教學、繳稅。

想想你中期的目標，像是買房的頭期款或者成立一個家庭需要的費用，還有長期的目標，像是退休金和投資，我會在第七章講到這個部分。很多人說百萬富翁也是一步一步累積出來的，這些里程碑看似困難，但只要小心並持之以恆地存錢便能達到。

我父親最愛說的一句話就是：「賺的越多，你就會花的越多。」

什麼是生活方式的通膨？

想想看一天花二十七英鎊有多簡單。幾杯咖啡，午餐，一些生活雜貨，搭個Uber因為你要遲到了，或者在回家的路上買杯調酒，在倫敦，這杯調酒可能就要二十七元了。

這些東西感覺都不太貴，但零零總總的花費很快地就會累積起來。

如果一天花二十七元，一年下來就會花掉**將近一萬元**。

第一次看到別人在Instagram上分享這件事的時候，就連我也要用手機的計算機確認一下，因為看起來真的有點離譜，但卻千真萬確。

現在思考一下，你可以拿一萬英鎊來做什麼？

讓我們假設你加薪成功，每個月的收入上升了。最容易做到的事情就是把多賺到的錢花掉，尤其是在通膨的時期。你完全不會需要我的幫助來找到花錢的地方！

我會在下個章節教你除了花掉**以外**，多賺的錢還能拿來做什麼。但劃分及自動化，是兩個我用來存下更多錢的技巧。

習慣三：劃分……還有自動化！

這個章節我想要跟你分享的「七大習慣」，是劃分及自動化。

關於錢最困難的事情之一就是做決定。我敢說保持正念和其他習慣可以幫助你決定，不過一旦你做出了決定，就對自己好一點，讓它自動化吧！

把你的錢分配給不同用途的觀念流傳已久，是個早已經過時間考驗的理財訣竅。為什麼呢？根據我的丈夫，我最喜歡把錢浪費在金融紀念品上，或者根據我自己，金融紀念品是我最愛的投資。

我有一個六〇年代的節儉罐，是在eBay上買的。這個罐子就是一個錢箱，裡面分為幾個部分：房租、食物、假期等等。罐子正面是一個笑容滿面的「節儉夫人」，手上握著一本租冊，還有一行字寫道：「這個小盒子是來自天堂的禮物，我已經存下了這個月的租金。」

把錢劃分開來的好處就是，你賦予各區域的錢專門的用途，最重要的是，在你不小心花太多錢在非必需品上面之前，確保自己有足夠的錢能夠支付生活必需品。

距離六〇年代已經很久，現在用的是電子版本的節儉罐，在你的網路銀行手機應用程式裡，可能叫做「存錢筒」或者「存錢空間」。

這樣一來，你就是選擇省下每日所需，為了未來所需而做準備，像是緊急基金、渡假基金、育嬰假基金，或者所謂的「償債基金」（sinking funds），代表未來一定會用到的錢，像是裝修費、汽車維修費、寵物開銷等等。

其實就有點像是銀行帳戶裡面再多一個帳戶，不同銀行有不同稱呼，但通常你可以依據自己的喜好命名。沒錯，你甚至可以叫他反白痴基金。

請繼續閱讀，瞭解如何利用劃分和自動化的力量幫助你達成儲蓄目標。

先付錢給自己

一旦夠熟悉自己的財務狀況，你便可以開始制定每個月的儲蓄目標。

你可能有聽說過「先付錢給自己」的觀念。當你在月底拿到自己的工資支票時，第一天就把要存的錢留下來，而不是等到下個月月底，因為那時你可能早已把錢花在其他地方了。

夏洛特建議：「大部分人的帳單都是直接扣款的，那為何不為了你想做的事情存下一點錢呢？」

一旦你決定要先存下多少錢，讓這件事情自動化可以幫助你更輕鬆地堅持下去。從主帳戶定期轉帳到一個分開的儲蓄帳戶或者「空間」，如果你想要的話，有些數位銀行會幫你自動「四捨五入」，存下零錢。假設你花了二點七英鎊買咖啡，銀行就會自動幫你把三十便士存入儲蓄帳戶。

如果你每個月都在固定的時間領到薪水，這個方法就很有效。不過對於從事自由業的人來說，他們的收入比較零散，數目也都不一，用這個方法就會比較有挑戰性。我的建議是，只要錢一到手，就立刻把它劃分開來。抽出一些錢專門來繳稅是個好習慣，我喜歡把錢投入溢價債券（Premium Bonds）*，它的最低投入門檻很低，而且我還有機會可以得到免稅的獎項。

如果你的收入都是不定期的，另一個方法是專門辦一個分開的「消費帳戶」。除了支付帳單以外，我每個月會分配一筆錢到這個帳戶裡，只能花在食物和「好東西」上，像是計程車、衣服、咖啡、午餐等等。我也要確保我的eBay、亞馬遜、Deliveroo等平台綁定的是這個銀行帳戶。之前，我都是綁定一張信用卡，所以我的預算一直出錯。這張消費帳戶的信用卡也是我唯一會帶出門的，並且我知道自己只能花一次錢。

小訣竅：斬斷誘惑

如果你覺得廣告郵件會激發你的購買慾，與其一封一封地「取消訂閱」，試試看「Leave Me Alone」這款應用程式，能夠幫助你一次取消訂閱多個寄件者。這款程式的價格是五英鎊，但安全又能保障你的隱私。「Clean Email」是另一款應用程式，每年的訂閱費用是三十六元，但該程式的官網上有提供很多免費的小訣竅。

* 英國國家儲蓄投資銀行（National Savings & Investments）提供的理財商品，它將整體的利息作為彩金，以抽獎的方式分配給債券所有人。

夏洛特的最後一個小訣竅就是用百分比的方式設定自動轉帳，比方說你決定拿出百分之五的收入，而不是一百元。為什麼呢？因為當你的薪水上漲，你的預算也會跟著調整。所以，生活方式的通膨，永別了！

小訣竅：感受花錢的震動

拿著我們的手機或卡片，用「隱形的錢」輕觸並支付非常容易，但我喜歡和現金保持一定的聯繫。

我在銀行的應用程式裡設置了提醒，每當我刷卡花錢時，手機便會震動並彈出通知，如果你有智慧型手錶的話，手腕就會感受到震動。通知會告訴你剛剛花了多少錢，這可以幫助我理解自己的行動：「我剛剛付了七點二英鎊。」而不是單單想著：「我剛剛刷卡了。」

這幫助我意識到自己一天花了多少錢，也不需要一直查看自己的銀行餘額。

小訣竅：知道自己的極限

在大多數的銀行應用程式中，有個很棒的免費功能是設置高餘額和低餘額通知。

我的簽帳金融卡有設置「低餘額警報」，在我的餘額低於一百五十元時會傳送訊息通知我。這是踩下煞車的信號，或者提醒我該從存款帳戶轉錢過去了，以避開透支的費用。

我的信用卡有設置「高應繳金額警報」，在我的應繳金額超過一千元時會傳送訊息通知我。這是讓我停止消費的一種警告，也代表我馬上會在帳戶中看到可疑的消費紀錄。

我的存款帳戶有設置五千元的「高餘額警報」。五千元是我手上需要持有的現金，只要超過五千元就可以拿去投入股票投資儲蓄帳戶（stock and shares ISA），又或者可以購買儲蓄債券，用鎖定一年或者更長的時間來換取更高的利息。

我的「星期天處理完」系統

他們都說「時間就是金錢」，而我最好的財務習慣之一就是在星期天早上花三十分鐘思考下週的事情。我會查看下週哪天要進辦公室，哪天可以遠程上班，要跟誰見面還有天氣如何，因為天氣會影響到我要做什麼樣的運動，我喜歡提前規劃自己的運動，否則我就會偷懶。

我的冰箱上有一個可擦拭的飲食計畫表，我會把自己的想法填上去。

我還有一個清單記錄冰箱裡面的食材，如果你喜歡備餐的話，這個清單是必不可少的。我超級喜歡Instagram上的The Batch Lady。如果我某一天特別忙碌，從冰箱裡拿出一盒準備好的餐點就可以省下外食的錢。當我有時間煮飯時，根據The Batch Lady所說的：「如果你正在為自己準備一份餐點，你也可以多做一份放進冰箱裡！」另一個很讚的Instagram帳號是@canIfreezeit，關注這個帳號後我才知道起司也可以放冷凍。

想想看要怎麼把剩菜剩飯變成明天的午餐或晚餐。Instagram的「One Pound Chef」米格爾・巴克萊（Miguel Barclay）絕對是能夠在預算範圍內做到這件事的傳奇人物。

買菜之前想一下這些，會幫助你少買一點，也少囤積一點。根據英國廢棄物及資源行動計畫（Waste and Resources Action Programme）的統計，一個家庭平均每年會浪費價值七百英鎊的食物。

然而，這只是超市和餐廳浪費掉的一小部分。Olio是一款手機應用程式，讓你能夠加入一個龐大的「食物浪費英雄」社群，在遇到有些食物超市無法運送的狀況時，會發布免費分發食物的公告。

避免「花錢省事」

為了方便，我們付出很大的代價。一頓午餐隨隨便便就要花六英鎊或者更多，你可能有在自己每個月的開銷中發現這個規律。在家裡備好餐的話會便宜很多，不過最大的代價是備餐的時間。

對我來說，與其花時間準備其他食物，不如把吃剩的晚餐帶去上班，但一定要買一個防漏的午餐盒。我總是在晚上做飯時準備隔天的午餐，如果留到明天早上再準備的話很有可能就來不及了。如果你沒有時間吃早餐，甚至有可能要「花錢省事」兩次。

提前規劃可以避開很多「時間V.S方便」的尷尬處境和開銷，比方說搭計程車或者叫外賣的費用。你也不用完全避開這些花費，但就是不要太過依賴它們。

小訣竅：四個省下電話費的方式

保障你的投資

我拿到新手機的第一件事，就是買一個堅如磐石的保護殼，並貼上螢幕保護貼。這可能會花掉我二十元甚至更多，但總比修螢幕的費用便宜多了！

你有辦法手機和SIM卡分開買嗎？

假設為了買一支新手機，你簽了一個月繳四十五元的合約，持續十八個月。電信公司提供你這樣的合約，讓你分散買新手機的開銷。不過如果你負擔得起，直接買一台手機再去辦SIM卡一定會比較便宜，不過不是每個人能做得到。

然而，每個人都應該在合約結束的時候檢查一下，看看你是否能切換到普通的電話方案，而不是當初綁約的那個方案。

十八個月後，電信公司已經賺回了電話的錢，但如果你按兵不動，每個月還是要付四十五元的電話費。

規則是合約結束時會有人通知你，但電信公司也會給你施加壓力，希望你「升級」手機並簽下另一份昂貴的合約。如果有好好照顧你的舊手機，就如同第一點提到的一樣，你就不會需要這份合約了！

假期漫遊警告

英國脱歐後，已經不再是歐盟的締約國，因此數據漫遊、跨國電話和簡訊的費用都急遽地增加。如果你要出國渡假，記得先查看一下電信公司的網站，通常可以購買通行證或者流量包來省下一點錢，或者是設置流量的使用上限以防止巨額的帳單。

社會費率（Social tariffs）

這是個很可怕的名字，但符合福利救濟金（Universal Credit）條件的人就有資格享受超便宜的寬頻網路和手機套餐，最低每個月只要十五英鎊。有好幾百萬的人都有資格使用這個折扣，但只有百分之三的人真正去申請。打電話給你的電信公司請他們幫你更改方案，或者去Ofcom（電信公司監管機構）這個網站查看不同公司對該方案的稱呼。例如，英國電信的叫做Home Essentials。如果你的電信公司並沒有相關的方案，他們就應該免除你的解約費用，這樣你就能切換到另一家電信公司了。

金錢小故事：感受自動化的力量

理財本身就已經夠難了，對於有注意力不足及過動症（ＡＤＨＤ）的人來說，情況就更複雜了。

麗茲在封城開始時，怎麼也想不到自己能利用自動化的力量改變財務狀況。三十五歲的麗茲說：「我的朋友都跟我說遠距上班可以省下好多錢，但我每天都在亞馬遜上買東西，只要Instagram一推薦我，我就馬上下單。」她的室友對越來越多的包裹感到非常驚訝，於是麗茲向諮商師尋求幫助，並診斷出ＡＤＨＤ。

衝動消費還有其後續的財務影響，是許多ＡＤＨＤ患者苦苦掙扎的領域之一。麗茲發現自己沒辦法控制預算，常常透支並在財務上遇到困難。

她說：「我對自己混亂的財務狀況感到羞恥內疚，但花錢是少數能讓我感到快樂的事情。」

麗茲知道自己需要減少開銷，但她不想因為預算而綁手綁腳。

於是她開始從小事著手，也就是學會查看自己的銀行餘額。她說：「我知道自己擅長做有規律的事情，所以我決定每次回收或者倒垃圾的時候就要查看自己的銀行餘額。」把一個習慣與另一個習慣結合是可行的，麗茲覺得查看銀行餘額這件事變得自然而然，就像是自動的一樣。

她的下一個「恍然大悟」是在我的金錢診所播客中聽到自動化的概念。她說：「現在，我根據自己的思考方式制定預算。」麗茲的第一步是下載MoneyBox這款應用程式，然後開啟自動把開銷化為整數的功能。她每次支付小於五塊錢的款項，就會自動把零錢存入儲蓄帳戶中。現在，有越來越多的銀行開始提供這個功能。

她說：「我不想戒掉生活中的小確幸，像是早上的咖啡或者高檔巧克力。現在花小錢也不會有罪惡感，我都不用思考或者做決定，每次買東西的同時就會自動存錢。」

買小東西帶來的快感幫助她避免龐大的開銷，麗茲說：「現在網購前，我都會查看我的銀行餘額。」

清掉卡債之後，麗茲決定「先付錢給自己」，所以她在Monzo銀行應用程式中設定自動轉帳給不同的儲蓄目標，這個功能Starling、Chase還有一些大銀行也有。在付款日，設定好的金額會自動轉入她的緊急基金和渡假基金，所以麗茲想都不用想就可以存錢，只需要專注在管理剩下的錢就好了。

她說：「我知道自己喜歡花很多錢在小東西上，所以我的夏日假期要去威爾斯兩個星期，而不是托斯卡尼（Tuscany），去托斯卡尼的話會需要很大的自制力。」

麗茲現在利用Emma這個應用程式了解自己的財務狀況，再加上利用開放銀行（Open Banking）來連接所有的帳戶，包括公司的退休金計畫。

麗茲說：「我現在會存更多的錢到退休金，部分原因是我可以看到裡面的錢在成長。然後我每個月也會丟兩百英鎊到股市還有個人儲蓄帳戶。」

「我現在有信心可以跟公司的女同事談論錢，這點帶來了很大的改變。回想剛開始封城的時候，我完全不敢相信我可以把自己的財務狀況搞清楚，但我做到了。」

我希望這個章節的提示、建議和例子可以激勵你建立自己的「系統」，也希望你能了解到一百種人有一百種「處理錢」的方式。

麗茲的故事也是一個提醒，告訴我們要找到自己的方式。當我提到用正念做決定時，這就是我的意思，花點時間想想自己在做什麼，不要帶有偏見。大多數人都把錢放著讓它們自己管理自己，但我們需要創造一點空間，想想看如果用不同的方法，會有什麼樣的好處呢？

想要「做一次決定就一勞永逸」，並讓這個決定跟著我們的生活一起萌芽的話，劃分還有自動化是很強大的方法。不過我還沒說完，下個章節，我會再向你介紹四個習慣。

第四章
債務陷阱

上個章節我們學習到如何在用錢時保持正念，並管理自己的日常財務，現在是時候來處理真正代價慘重的事情了。

沒錯，我們準備好要進入債務這個棘手的話題了。

如果都需要先把錢付清，那就沒幾個人可以買車或者買房，所以只要運用得當，債務是非常好的工具。然而，借錢有其代價，也就是利息，而在我寫這本書的同時，利息正在不斷攀升。

不幸的是，借錢的需求也在不斷增加。隨著越來越多人用信用卡支付上漲的日常生活費，英國的信用卡債已經打破了最高紀錄，不過這樣的狀況沒辦法維持太久。

狄更斯（Charles Dickens）的小說《塊肉餘生記》（*David Copperfield*）中，他提到了為何我們要平衡預算並避免借錢：

> 年收入20鎊，年支出19鎊19先令6便士，生活幸福。
> 年收入20英鎊，年支出20鎊又6便士，生活悲慘。

正如負債累累的麥考博先生（Mr Micawber）所警告的那樣，如果你的支出能夠略低於收入，你的財務狀況就不會出問題。但如果你養成了支出比收入多一點的習慣，就會開始累積債務，這些債務會隨著利息進一步膨脹，時間越久就越難償還。

一八五〇年狄更斯寫下這幾句台詞的時候，信用卡、「先買後付」和發薪日貸款可能都還不存在，不過債務毀掉生活的可能性仍然不會改變。

儘管債務很大程度是現代生活的一部分，但自十九世紀以來，無力償還債務的恥辱和污名就一直存在，所以在開始之前，讓我們先把任何羞恥的感覺放到一旁。就算你有很多張信用卡，就算你很難抗拒「先買後付」的按鈕，或者經常信用卡透支，我都不會評判你。

借錢這件事簡單到有點可怕，本章我想要教你們的重點是，了解信貸行業是如何操縱我們的情緒，並說服我們背上更多負債。

如今，你已經不會因為刷爆信用卡而被關進債務人的監獄。不過，就算你及時支付每一筆帳單，活在過多的短期債務中也是一個壞習慣，可能會損害你未來幾年甚至幾十年的財務狀況。

為什麼呢？就讓我解釋一下關於債務他們沒有告訴你的事吧。

信用卡

如果我可以幫一項金融產品重新取名字，那一定就是信用卡了。

信用卡聽起來非常正面，如果一直都能按時還錢，就代表你很有信用。信用卡公司計算你的信用分數，如果分數很高，你就可以借到很多很多的錢。

好消息，他們說你的額度是四千英鎊。你想要的話，這四千元都可以拿去花，我們核准你的信用了。想像一下你可以拿這些錢做的事，或者這些錢可以買來犒賞一下自己的東西！這張信用卡在前九個月都是零利率，你甚至可以透過花錢賺取積分。積分代表獎勵，像是SPA按摩館的禮券，讓你跟朋友可以好好享受一下。

你會聽到自己體內的大手筆溫蒂在吶喊：「你到底在等什麼？」

現在讓我們一起想像一下，如果信用卡叫做債務卡的話，事情有什麼變化？

要用債務卡借錢的話，債主需要評估你的債務能力。拿到債務卡時，你最高的欠債金額是四千英鎊。

用這樣的方式維繫和客戶之間的關係，和信用卡比起來消極了許多！

忽然之間，那一筆「想像中的」四千元變成了負面的東西，變成了負數，成為一個你必須償還的債務。

信用卡公司的存在不是為了送錢，而是為了賣債務給我們。很多人沒有注意到的是，花越長的時間還債，我們被坑的錢就越多。

二〇〇〇年，我在北倫敦一家沒有靈魂，叫做斯堪地那維亞傢俱的店家，學到了寶貴的一課。我在《金融時報》有講過這個故事比較短的版本，那篇文章叫做「我最大的財務錯誤」[7]。

當時二十幾歲的我剛跟男友分手，正當我知道他要離開而感到如釋重負的時候，他竟然帶走了許多家具，包括茶几。

當時那個新桌子大約是兩百五十英鎊，它有一個專門放雜誌的抽屜和穩固的金屬桌腳。

每次我從酒吧回家的時候，雖然沒什麼用，但我都會躺在地板上抓著桌腳，試著讓房間停止旋轉。然而，在還清桌子的款項時我也沒有特別謹慎。

我買這張桌子的時候，一張顯眼的海報說服了我用那家店的聯名信用卡購買（當時我也買了一些室內盆栽，但它們在第一期帳單都還沒到之前就死了）。用信用卡的動機是九折的優惠，所以可以省下二十五元！但有另外一行不起眼的小字，寫著聯名信用卡的利率超過百分之二十。

收到第一期帳單的時候，它預設的設定是支付每月最低應繳金額，也就是總金額的百分之五，大約是十二元。在繁忙的社交生活之下，每個月付十二元給一張桌子，再加上二十五元的優惠，看起來真的是撿到便宜了。

幾年後（並經歷了幾個男朋友後），我在查看信用卡帳單明細的時候心想：「到底為什麼我還在付這張桌子的錢？」我每個月付的錢早就已經足夠支付它了吧？錯。

當我仔細查看帳單，發現了那百分之二十的利率。那時我才頓悟，原來**每年**我都被加收百分之二十的利率，線索藏在描述信用卡利息的術語「ＡＰＲ」，代表的是「年利率」。

所以一開始兩百五十元的桌子，九折的優惠讓它變成兩百二十五元，感覺像是撿到便宜了。

但因為我每個月只支付其價格的一小部分，所以我花了好幾年償還這張桌子的債務，這幾年，我被徵收了百分之二十的利率。所以最後這張桌子花了我多少錢呢？

高達三百二十五元。

最後的結果是我多付了一百元。這對家具店來說真的是一筆成功的交易，但對我來說糟透了！我回想起當初那家店的廣告手法。如果當初他們說的是「最後會多付一百元」，而不是「第一筆消費享有九折優惠」，任何人都不會上當，但我得到的資訊卻是後者。

每個月少少幾塊錢的還款讓我完全沒有把這件事情放在心上，我其實早就可以把債務還清，但這會需要我主動做出這個決定。

回想一下，整個過程都好像夢遊一樣，我自然而然地就付了更多的錢。而且聯名信用卡怎麼可能會把背後的玄機告訴我，或者把那行小字放大一點呢？如果我早點意識到這件事並把錢付清，它們的獲利就會減少！

這件事給我上了寶貴的一課，直到今天，這張茶几還在我的客廳。或許我多花了點冤枉錢，不過它已經陪伴了我將近二十年，就算我已不像以前那樣經常抓著桌腳了。

欠錢真正的代價

如果二十一歲的你借了三千元，並且每個月只付最低應繳金額，猜猜看當你還清債務的時候已經幾歲了？

答案是**將近五十歲**。

而且你償還的金額會是七千七百五十元，跟你原本借的錢差了兩倍以上！

這怎麼可能呢？長話短說的話就是因為複利，別怕！容我娓娓道來。

我從**Money Saving Expert**借來這個例子。信用卡債務的最低應繳金額從每月八十元開始，這是三千元的百分之一再加上利息。這只能非常緩慢地還掉債務，而且速度會隨著時間推移越來越慢。

一年後，最低應繳金額變成七十二元，五年後是四十四元。就像我的茶几一樣，這些數字和三千元比起來都非常微不足道。同時，你被徵收的年利率是百分之二十一點九。

你需要**很久的時間**來還清債務，這就是為什麼你會多付很多利息。你只借了一次錢，但每年你都在不斷地支付那百分之二十一點九的年利率，一遍又一遍。

這就是我們說的「複利」，利息會不斷疊加在同一筆債務上。

據說，愛因斯坦曾經說過：**「複利是世界第八大奇蹟，知之者賺，不知者賠。」**

信用卡公司深諳這個道理，有越多的債，花越多的時間償還，你就是越是一個有利的客戶。

為了推那些只支付最低應繳金額的客戶一把，現在已經有一些新的規定了。不過，根據以下來自Money Saving Expert的表格，越快償還債務，被徵收的利息就越低（參考下方表格）。

第七章我會教你如何妥善利用複利，學會把小錢投進股票市場。

但在我們可以安全地投資，讓錢隨著時間慢慢地「滾雪球」之前，我們需要先掌控好自己的開銷和債務，這代表面對信用卡公司拋出的優惠和點數時，我們要更加精明。

還款之間的不同

償還金額	債務還清時間	利息費用
最低（1%加上利率，或是5元）	28年	4,750元
80元／月	5年	1,740元
120元／月	2年9個月	910元
240元／月	1年3個月	390元

根據三千元的債務和百分之二十一點九的利息，假設利率不變，該卡也沒有任何額外消費，所有數字都四捨五入到最接近的整數。

資料來源：MoneySavingExpert.com[8]

我甚至應該要去辦一張信用卡嗎？

三個你需要信用卡的理由

隨著「先買後付」這項服務逐漸普及，越來越多金錢診所的聽眾會問我這個問題。以下是三個你值得擁有一張信用卡的原因：

1. 累積你的信用分數

藉著證明自己能夠借錢還錢，你的信用分數會逐漸增加，信用分數是由信貸資料庫所提供，你的分數越高，就代表借錢給你的風險越低。那些信用分數較高的人，可以用比較低的利率借到錢，這在你貸款買車或是買房時是個很大的優勢。

2. 更能保護你的消費者權益

如果你使用信用卡購買超過一百英鎊的商品或服務，根據《個人信貸法》（the Consumer Credit Act）第七十五條，你的權益會得到更多的保護，可以去Money Saving Expert查看詳細的介紹。如果網購的訂單沒有送達，預定的渡假公司破產，或者是其他種種問題，這也是另一種能夠把錢拿回來的方式。

3. 如果你經常旅行

當飯店或者租車公司想要「刷」信用卡以確定你有足夠的錢時，信用卡會非常有用。如果這時你沒有信用卡，就可能需要在預定時就全額付款。

學習如何使用信用卡

你不得不誇一下簽帳金融卡公司的行銷部門，他們真的非常擅長誘惑我們。最強大的行銷工具之一，就是零利率的概念。

零利率聽起來像免費的錢。我坐在房間裡寫這本書的時候，門外開信箱的聲音讓我知道自己收到了一封來自巴克萊銀行信用卡（Barclaycard）的信，信封的外面印著「無，零，零，無……」。

裡面寫著：「無論你怎麼想，這個月轉移債務都是零利率！」

簽帳金融卡之神注意到我有一段時間沒有用巴克萊信用卡了，他們希望我有在使用其他張信用卡，並能夠將卡債轉移給他們，試圖從我身上賺取未來的利息，所以正在用兩年零利率的紅蘿蔔誘惑我。

這是個好主意嗎？

假設我真的有另外一張信用卡，而且已經有三千元的債務要還，並且正在被收取百分之二十的利息。

我在巴克萊信用卡的額度是六千元，所以我有足夠的空間可以把這三千元轉嫁到這張卡上。如果我真的把債務轉移過來的話，他們會向我收取百分之二點九的手續費，也就是八十七元。

除非我自行更改，不然每個月我都只會付最低應繳金額。從九十二頁的圖表中你可以看出我會需要多少錢把債務還清，但我卻只有前兩年可以零利率！

在那之後，利率會超過百分之二十，有多少人會在利率上升前的那兩年把債務還清呢？

四件會降低你信用分數的事情

遲繳或者未繳

聽起來很容易，但只要一出錯就會在你的檔案中保留長達六年之久。自動化可以解決這個問題，設定好自動繳納最低應繳金額，但可以的話就一次繳多一點吧。

紀錄不足

對於沒有太多貸款經驗的年輕人，或者久居國外剛回英國的人，這是一個常見的問題。請確保你的資料有在選民登記冊上，以便貸款人確認你的住址，並在Money Saving Expert上進行申請調查，這可以降低你被拒絕的機率，而被拒絕會進一步降低你的信用分數。

用信用卡提取現金

這件事的代價高得可怕，因為你在提錢的第一天就會開始被收取利息，沒有像刷卡那樣有五十六天零利率。這是個瘋狂的借錢方式，你得到了走投無路，沒別的選擇才這樣做，而且這樣會降低你的信用分數。

額度超過太多

信用卡額度是你能夠借錢的上限，但如果你經常超過上限的百分之三十，在貸款人眼裡你就會是一個比較高風險的賭注。

簽帳金融卡公司的行銷天才有一堆方法可以誘惑我們。

他們可能會提供**零利率的優惠**。只要花三千元，前九個月就能夠享受零利率！聽起來像是九個月免費的錢，不過附帶的是百分之二十的利率，如果你沒有把錢還清，一年可能會花掉你六百塊。

他們可能會給你一張**零利率的轉帳卡**，讓你用信用卡借錢，然後把錢轉到銀行帳戶裡。這個本質上是一種短期貸款，可以在十八個月左右償還，如果你需要水管工的費用，或者付清更昂貴的透支費用，謹慎一點的話或許還滿有用的。你會被收取一次性費用，也就是餘額的一個百分比，促銷期間結束後也會被收取利息。

他們可能會告訴你**你的額度增加了**，因為你是個很好的顧客，所以額度變為四千元。上當了吧！如果覺得你負擔不起的話，他們也不會給你這麼高的額度，對吧？難過的是，我知道許多人的債務問題都是因為有這個錯誤認知。

或者告訴你只要辦一張新卡，第一筆消費就能獲得兩萬點的**積分**，聽起來怎麼樣？花三千元，就會有足夠的積分可以兌換SPA按摩館體驗卷，免費的！

所有的這些都是提供你借更多錢的動機。零利率、點數或者更高的額度這些「獎勵」讓你感覺很好，但如果這些東西讓你花很長的時間把債務還清，這個時間長到你需要多付幾百甚至幾千塊的利息呢？其實「你」才是這些銀行的獎勵！

回想一下那筆你五十歲才能還完的債，四千七百五十元可以讓你去做幾次SPA？

講了這麼多，其實最重要的教訓就是：如果你要借錢，請先有一個還錢的計畫。

積分真的代表獎勵嗎？

就算你是試算表奴隸，能夠每個月還清債務，避免利息滋生，賺取積分的渴望對你的開銷有多大的影響呢？大手筆溫蒂和YOLO哥，聽好了！

我有一張信用卡，只要使用這張卡就能得到積分。通常我拿這張卡購買自己需要的東西，不過偶爾還是會控制不住想要獲得更多的積分！為了抑制自己的慾望，我「沒有」在手機上下載銀行的應用程式，只有iPad上有，而我不會把iPad帶出門。我不會隨時把這張卡帶在身上，也沒有把卡片的詳細資訊保存下來。我可能是個理財專家，但我也是個容易受到誘惑的普通人。

最重要的是，我有設定好每個月的自動繳費。否則，我會多付百分之二十二的年利率，而這遠大於積分的價值。

我也有設置一個「高應繳金額警報」，如果欠了超過一千元就會收到一封簡訊提示，這是作為我消費的一個自動煞車。

我在《金融時報》工作期間，曾經與一家信用卡公司聊過。我告訴他們多年來我從他們身上賺取了數百英鎊的禮券，卻從沒有支付過任何利息。他們實際上是在付錢給我，讓我擁有這張卡，這一定是筆無利可圖的交易！

但事實並非如此，一定有跟我一樣會在意條款上每一行小字的人，但有更多的人是看都沒看。他們被積分所吸引，卻對利息的代價視若無睹。如果不是這樣，信用卡公司一定會停止這種行銷策略，因為誰也不想做虧本生意。

如何讓零利率為你所用

如果你夠自律，零利率的信用卡會是一個很好的工具，能夠幫助你還清累積下來的債務，或者為某一筆大開銷做好準備。訣竅就是在你用這張卡購買任何東西之前，要先想好如何償還這筆錢。

裝修廚房的時候，我用這個方法來分攤購買新家電的費用，同時，我身為消費者的權益也有更多保障，以防止任何事情出錯。我是這樣做的：

- 我會用一張信用卡買東西，然後找到一個轉讓費用最低，零利率時間最長的信用卡方案，把債務轉到那裡去。
- 收到新的信用卡時，我會把它剪成兩半並貼在第一期的帳單上，這樣我就不會再用這張卡花錢了。
- 我把自己欠的錢除以零利率的月數，比方說3,000元÷24個月=125元。
- 然後我立刻設定這個金額的自動繳款，讓它自動化！
- 零利率的期間，我已經把所有債務還清，並且沒有累積任何其他花費。

回想一下我那張茶几的美好時光，假設我那時候沒把這些事情放在心上：

- 我在設置自動繳款時手忙腳亂，結果晚了一步付款。
- 我成功準時付款，但金額低於最低應繳金額。

- 我瘋狂購物，並超過了新卡的額度。

這一切都會讓信用卡公司有權利終止優惠，代表你會立刻失去零利率的資格，恢復到一個更高的利率。

更糟的是，上述的每一個狀況都會降低你的信用分數。這代表如果你想把債務轉到其他家信用卡公司，會變得困難許多，也會昂貴許多。

申辦信用卡前的四個小訣竅

1. 想一下這張卡要拿來做什麼，並且制定好還錢的計畫。債務累積越久，就會變得更昂貴。
2. 不要因為申請失敗而賠了自己的信用分數。利用Money Saving Expert、Uswitch或信用卡分數的應用程式，先做免費的申請資格預先審查，看看自己有多大的機會能夠通過申請。
3. 新借款人或者信用評分較低的人一開始可能只能申請信用建立卡（credit builder

cards），這類信用卡額度較低，通常低於一千英鎊，也會收取更高的利率，大約是百分之五十。為了建立你的信用分數，請確保你每個月都把欠債結清，也永遠不要使用超過總額度的百分之三十。

4. 在網站上比較各家信用卡時，要注意你可能不會得到跟網路上一樣的優惠，更高的利率或者更少的零利率期間都是有可能的。而且很討厭的是，你只有在辦完卡之後才會知道具體的情況。根據法律規定，信用卡公司只需要向百分之五十一的客戶提供廣告上的利率。我認為這完全是無稽之談，不過這也是一堂知道就會了的理財課！

「先買後付」到底是怎麼運作的？

教科書式的解答是：「把一筆大消費分成三或四個月付款，並且不需要支付利息的一種方式。」

我的答案是：「是一種商家的手段，讓你花更多錢在你可能不需要的東西上。」

假設你正在考慮網購一件四十五元的外套，一個框框跳出來告訴你：「分成三期付款，每期十五元！」

現在你不需要一次付四十五元了，購買這件夾克的障礙變低了，所以你也更難抗拒按下那個「購買」按鈕。你體內理智的試算表狂人說：「我付不起。」或者：「我不需要這件外套。」不過這些聲音都被大手筆溫蒂所淹沒：「天阿，只要十五元，而且不適合我的話再退貨就好了。」

問你一個很簡單的問題，如果提供先買後付這項服務的銀行不收取利息，他們要怎麼賺錢？

沒錯，如果你忘記付款，他們會向你徵收遲繳的費用，但他們大部分的收入都來自線上商店的佣金，這些商店付錢給銀行讓他們提供先買後付的服務。實際上，這些商店在幫你付借錢的利息，為什麼他們要這樣做呢？

因為先買後付是一個強大的工具，讓你無法抗拒花更多的錢。

二〇二一年的一項研究發現，使用先買後付的人更難放棄他們購物車裡的商品，這真的是網購的詛咒。近百分之六十的零售商說先買後付增加了他們的銷售「轉換率」，百分之四十七的零售商說先買後付增加了他們的平均訂單價格[9]。另一項調查發現，如果千禧年的消費者能夠使用先買後付來分期付款，他們購買商品的可能性會增加百分之六十九[10]。

以上種種導致的就是大量消費。英國先買後付市場的價值在二〇二〇和二一年之間翻了一倍，預計到二〇二六年時將會超過四百億英鎊[11]。

隨著英國的主流銀行，還有像蘋果這樣的大公司加入這個行列，我完全可以預期到這種情況的發生。

所以我們應該要擔心嗎？實際上，能夠用零利率購買你需要的東西，比起使用利息會不斷膨脹的信用卡來得好多了。

但如果你每個月都有很多筆先買後付需要繳款，這是不是會讓你陷入透支的困境呢？詳情請見第一百一十三頁。由於先買後付不會檢查你的經濟能力，你是否有可能被收取逾期付款的費用？你是否會不得不使用信用卡來支付其他生活必需品或者帳單呢？

如果你網購時常常使用先買後付，想一想為什麼零售商們都喜歡這項服務吧，因為這會增加他們的銷售額。先買後付幫助他們盈利，但是又花費了你多少錢呢？你或許能夠多花很多免利息的錢，但這些錢背後的成本是什麼？我所謂的成本指的是，你還可以把這些錢花在什麼地方，或者投資在什麼地方呢？第七章會提供你許多不同的想法！

如果你擁擠的衣櫃裡有很多只穿了一次的衣服，或者有很多不適合你的衣服，但你卻錯過了退貨的時間，那麼你就是在為自己的購物習慣付出慘痛的代價。

先買後付的魅力在於其方便性，你不需要通過繁瑣的信用審核，非常快速輕鬆就能按下付款按鈕。二〇二三年，政府即將制定新的法規，可能會引入較嚴格的審查，但就算我們通過了信用審查，結帳時的摩擦成本也可能會讓我們三思，自己真的需要另一件快時尚的商品嗎？

關於還債，他們沒有告訴你的事

你準備好打開抽屜，挖出所有關於信用卡的文件了嗎？

感到忐忑不安是正常的，撿起一塊石頭，一定會有幾隻蜘蛛竄出來。看著那些數字並試著計算出你所欠的全部金額，這一定會讓你感到有點驚慌失措。不過可以感到欣慰的是，從長遠來看，透過制定計畫來還款，你可以省下大筆的錢。

頭腦保持冷靜，首先列出每張卡上的未償還金額，尤其是你被收取的利息（百分比）。這會讓你一目瞭然，看到哪些債務在利息方面對你來說花費最大。

如果你有良好的信用分數，可以把欠債最多的那張卡轉移到任一張零利率的卡，並設置好自動繳款，在零利率期間把債務還清。

如果你已經有其他零利率的卡片，把優惠結束的時間記錄下來。只要你足夠機敏，就可以避開高利率帶來的衝擊。

Instagram上的#debtfreecommunity是一個很有用的資源，不過就像社群媒體上的任何東西，過度拿自己和他人比較只會讓你感到沮喪自卑。

以下是你會遇到的兩種減債策略：

滾雪球法

列出所有的債務，把最少的那筆先還清，然後是第二少的，以此類推。先把小筆債務快速還清會提升你的士氣，讓你更有動力執行下去。不過這個方法沒辦法幫你省下最多的錢。

雪崩法

先計算出哪一筆債務的利率最高，優先處理那筆債務。每個月盡可能地償還這筆債務，同時支付其他債務的最低應繳金額。第一筆債務還清後，再用同樣的方式償還下一筆最昂貴的債務，直到所有卡債都還清為止。

然而，你不需要獨自應對這些債務，可以尋求免費的協助。

四個你需要與債務顧問交談的跡象

你活在透支之中

你整個月都處於虧損狀態，就算工資到帳時也還是一樣，而且你認為這種狀況在短期內不會改變。

你一定要用信用卡才能支付「優先債務」

這些債務包括你的租金或者抵押貸款、市政稅、水電費和汽車油錢。

你正在考慮用貸款把所有債務合而為一

請永遠不要在做完免費債務諮詢之前採取這一步，從長遠來看，像是債務管理計畫（Debt Management Plan）等其他選擇，可能會讓你少花很多錢。

你正在考慮網路上看到的其他「債務解決方案」

有一種被稱為個人自願協議（individual voluntary agreement, IVA）的破產形式可以在網上簽署，不過銷售這些「解決方案」的公司往往不會解釋這些協議的缺點。你最後欠得可能會比一開始還多，所以一定要先和獨立債務顧問討論。

Debt Camel的網站主莎拉・威廉斯（Sara Williams）說，和債務顧問討論不會花你一毛錢，而且有機會幫助你省下好幾千塊。不幸的是，大多數人在尋求幫助之前都會自己掙扎好幾年，導致自己的債務越疊越多。也有很多人抱著省下利息的期待，用貸款的方式把所有債務變成一筆。

她說：「有很多卡債的人看到他們能以百分之十六的利率整合負債，並認為，哦，這比我在這些卡上支付的百分之二十的利息低。但是對於個人貸款來說，這個利率真的很貴（目前的平均利率是百分之八），而且靈活性也差很多。與信用卡不同，你在好幾年內都必須每個月全額還款。」

莎拉說，如果人們難以跟上還款的步伐，往往會依靠自己已經結清的信用卡，最終只會重蹈覆徹，積累更多債務。可悲的是，她見過那些把債務合併過兩三次的人，每次他們都說服自己這是明智的選擇。但隨著債務和利息的增加，他們的信用評分受到影響，越來越少貸款人願意承擔借錢給他們的風險，而那些願意承擔風險的則會收取非常高的利率，百分之三十至百分之九十的利率都不罕見。

莎拉解釋道：「越早和債務顧問諮詢，你就會有更多更好的選擇。隨著你借的錢越來越多，還債的選擇只會越來越少。」

債務顧問可以見微知著，他們不會受到情緒的影響，能夠冷靜地審視你的債務。債務顧問也可以幫你和貸款人談判，或者向你解釋債務管理計畫的好處，這種計畫通常可以暫時凍結你的利息。

莎拉說：「債務顧問完全不會對你有偏見，什麼樣的故事我們都聽過。無論你有多少債務，我們都不會感到害怕，而且會有辦法幫助你解決問題。」

如果你想要找一個債務顧問，並閱讀更多相關的內容，你可以訪問一些慈善機構的網站，像是stepchange.org、citizenadvice.org.uk或capuk.org。如果你是自由業者或者經營自己的事業，最適合你的網站是businessdebtline.org。

金錢小故事：為什麼不問問安東尼呢？

各種情緒都和金錢密切相關。想要理性地處理問題，我們需要解開心裡的結，拿出面對恐懼的勇氣，這件事說得比做得容易，對鴕鳥們來說更是困難。我想向你介紹一位或許能夠幫助你的人，他叫做安東尼。

威廉是我的一個老朋友，他從來不覺得自己的財務狀況在掌控之中。他是自由業者，有一個小孩，多年來積累了不少債務，但他都假裝應付得很好。然後有一天，砰的一聲，事情發生了變化。

威廉的經濟變得越來越糟，他的債務不斷膨脹。每個月，他必須拿出一千兩百五十英鎊，以維持他的還款，其中有一千多英鎊用於支付利息和其他費用。他盡可能地掙扎著，但最終還是崩潰了，於是他向一位朋友傾訴。這位朋友說服威廉打電話給StepChange這所慈善機構，尋求免費的債務諮詢。

威廉回憶道：「當時一位叫做蘇的女士接起了電話，她人真的超級好。那個時候我被債主窮追不捨，但我沒有錢也不知道該怎麼做。不過蘇並沒有批判或者責怪我，只是不斷地說『沒問題的』，並且跟我解釋下一步該怎麼走。」

蘇建議申請債務管理計畫（Debt Management Plan），可以暫時凍結威廉的利息，也代表他那個月可以立刻省下一千元。但要做到這一點，他需要鼓起勇氣打開成堆的郵件，列出他的債權人名單，並完成一個預算計畫，以計算出哪一個等級的還款是他可以承受的。

那這跟安東尼有什麼關係呢？

威廉一直有在聽一個關於另我效應（The Alter Ego Effect）的播客，這是陶德．赫曼（Todd Herman）寫的一本書，內容探討了頂級運動員如何想像一個更好、更厲害的自己，以贏得比賽並變得更加強大。與對手競爭的並不是他們，而是他們的另一個自我。把情緒和自我懷疑放在一旁後，他們就有更高的成功機率。

此時威廉頓悟了。他說：「從那時起，我就決定如果自己在金錢方面遇到棘手的情況，我會派安東尼，也就是另一個我去處理。你的另一個自我必須來自於你，安東尼其實就是我，但他少了恐懼和複雜的情緒，他非常注重結果，而且跟我不一樣的是，他做事從不拖泥帶水。」

威廉有十一個債主，他每年必須至少打電話給他們一次，確認自己還欠多少錢，以更新自己的債務計畫。猜猜看他把這項工作交給誰？

「安東尼幫我撥打了每一通電話。他非常有自信，能夠和債主們聊天說笑，因為他不是我。我愛死他了！他不會感到羞恥，因為這不是他的債務。帶著債務生活的壓力，對問題視而不見的內疚感，這些都是我不能處理這件事的原因，而這讓一切都變得更加糟糕。現在當我遇到難題的時候，我都會想：『安東尼會怎麼做？』」

一位支持他的朋友、StepChange還有他高效的另一個自我，在這所有的幫助之下，威廉與他的債權人達成了協議，每個月償還三百五十英鎊，讓他有足夠的錢生活。然而，威廉還是請安東尼每個月幫助他檢查自己的預算。我有說過安東尼超愛試算表嗎？

當了好幾年的鴕鳥後，威廉學會了如何把對錢的負面情緒放到一旁，也就是他的恐懼和羞恥，並挖掘出自己之前從未發現的潛在力量。

如果你在面臨自己的財務時感到恐懼，有沒有人可以像安東尼一樣幫助你呢？

銀行透支

無息透支是學生生活不可或缺的一部分，也是你在選擇學生銀行帳戶時最有用的福利之一。然而，你的卡片不可能永遠都是無息，最終你的帳戶將轉變為「畢業生帳戶」，銀行也會開始向你收取透支費用。這可能會發生在你畢業一年後，或者更早。趁現在了解一下吧！並盡可能地在被收取利息之前把債務還清。

二〇一九年的規定強迫銀行對於透支費用的徵收要更加透明清楚。一般來說，透支的年利率是百分之三十九，大約是信用卡的兩倍。

如果你在月底前只透支了一點點，這可能只會讓你有少許損失，有些銀行甚至會讓你有幾百英鎊的無息透支作為緩衝。但請記住，所有大筆的債務都是由小債務累積而成的，每個月餘額處於負數狀態的天數越多，或者是負數越來越大，這些利息費用就會開始真正地疊加。

讀完這個章節，你應該就知道我們多輕易地就會被引誘去借更多的錢，還有把這些負債全部還清到底有多困難。

重點在於，你應該要知道如何區分自己可以解決的過度消費債務，還有那些你需要尋求專業幫助的債務。

我真誠地希望，任何像我之前一樣對債務視若無睹的鴕鳥能夠有勇氣去解決它們，不論你有沒有來自安東尼的幫助，先把情緒放在一旁，也不要感到羞恥。

先建立最關鍵的習慣，也就是用正念處理你的錢。你可能會需要調整預算，這不只是控制開銷，也要優先處理最昂貴的債務。

如同我先前所提到的，優先處理最昂貴的債務可以幫你省下許多錢，但請記住，學生貸款的狀況就不太一樣了，我們會在第九章詳細探討這部分。

快速把債務還清是一個很棒的財務目標，而且對你的財務狀況會很有幫助，這點請你要相信我！如果你養成習慣，每個月會多留一點錢拿來還款，當你的債務還清時，這些錢就會直接回到你的預算中。你已經習慣了預留出這筆錢的日子，所以現在可以拿這筆錢去做更有意義的事情，沒錯，我要講的就是人生目標。而這些長期的儲蓄目標就是我們下個章節要講的內容。

第五章
#人生目標

有個財務目標可以有效激勵你，並讓你保持動力。不論你的目標是什麼，它都應該成為你所有財務決定的指南針，長期目標更是如此，我這邊所謂的長期財務目標，就是需要好幾年才能夠達成的那種。

問題是，你需要有樂觀的態度才能放眼未來，而在財務狀況並不是那麼樂觀的時期，做到這點有一定的難度。如今，在社群媒體的貼文裡加上#人生目標，幾乎已經成為了一種諷刺。

那些我們曾經嚮往的目標，像是擁有一棟房子，或者建立自己的投資組合，這些都逐漸讓我們失去動力，因為感覺太遙不可及了。

最可悲的狀況就是，過了幾十年像和尚一樣的生活，才好不容易能夠負擔一個非常小的房子，卻還要背負巨額貸款，然後龐大的壓力使你把所有剩下的錢都花在酒吧裡。乾杯！我相信所有Yolo哥都會同意這是最糟糕的事情了。

以上狀況我們都不樂見，所以本章將探討如何利用**七大習慣**之一來幫助你達成財務目標，這個習慣就是「**為你的錢設定一個目標**」。

我們也會看看整個經濟大環境發生了什麼，以及這對買房這類傳統的「人生目標」有什麼影響。

然後，儘管這件事好像還非常遙遠，但我們要考慮一下抵押貸款買房的可行性，對於那些已經買房的人，我們也會探討一下利率上升帶來的挑戰。

最終，我們會計算一下另一項重要的人生大事，也就是買車。

你的目標是什麼？

這個問題非常難回答，但放心，我不會問你那個經典又可怕的面試問題：「你覺得五年後的自己會是怎麼樣的人？」

讓我們從不同的角度切入。COVID-19是否有改變你對事情的看法?進一步拆解這個問題，你最懷念的事情是什麼?你最後悔沒有做的事情是什麼?或者疫情期間讓你偷偷樂在其中的事情是什麼?對我來說，是賞鳥。還有，什麼事情是你再也不想做的?對有些人來說是實體辦公，對有些人來說則是線上辦公。

儘管封城非常恐怖，但跟那個「五年後的自己」的問題不一樣，它的確讓我們重新審視自己在乎的人事物。這段思考的時間讓人們做出重大的改變，比方說花錢的習慣、賺錢的方式、重新思考職業道路，還有各種人際關係以及管理錢的方法。

另一個要思考的問題是我們想要如何度過這一生。工作時間及地點有更多的彈性是非常重大的改變。儘管我很享受自己的工作，我覺得疫情讓許多專業人士意識到，工作不能定義我們的生活，自己想要如何生活也是關鍵之一。

因此，讓我們回到錢的議題上。有一些比較常見的財務里程碑，像是找到第一份合適的工作，購買第一輛車，購買第一個家，和第一個丈夫結婚，嗯……?我可以舉很多很多個例子，但你的目標不應該侷限於此。

你長期的夢想可能是在海外生活工作，自己創業或者是成立一個家庭，也可能是以上三者。我想說的是，人生有許多比起買一個該死的房子更重要的事!

思考自己的目標會給我們努力的方向，而這些里程碑可以圍繞著你的目標，在達成目標的路上一步步實現。

一旦目標有了數字，就可以把它們放入你的預算，並評估這個目標的進度，比方說存下買房百分之十的頭期款。但是請記住，不僅存錢可以幫助你實現目標，你也需要考慮到賺錢以及自己的職涯方向，我們會在第九章處理這個問題。

雖然可能會需要一點時間來建立財務動力，才能開始把計畫付諸行動，不過計畫都是可以隨時調整的。

儘管本章的一些「人生目標」對你來說「太過遙遠」，不過預先了解有關買車和買房的資訊也會有助於你未來的規劃。因此無論你的夢想是什麼，讓我們翻開試算表奴隸手冊的其中一頁，並思考如何將其實現吧。

習慣四：給自己一個目標

回到麥考博先生說過的話，為了實現財務上的幸福，我們的開銷需要略微低於收入。如果能夠省下更多的錢，每個月就會有有更多的錢可以用來實現長期目標。

先不要在意山間日出、無邊際泳池和百萬英鎊的豪宅，此時此刻專注於短期目標是不會有錯的。學著如何從每個月的薪水開始管理你的錢本身就是一大成就，準備應急基金和制定還款計畫也是超級重要的人生目標，我希望前面的章節有給你一些解決問題的靈感。

坦白說，目標太過遠大可能會讓你覺得很荒謬，但我們遲早會到那一步的！放心吧，如果你在思考人生大事的時候去酒吧喝了一杯，我不會告訴任何人的。

遠大的目標會讓人望而生畏，不過小小的行動也能聚沙成塔。記住，每天省下二塊七，一年就能省下將近一千元。

如果你的目標需要存好幾年的錢，那麼堅持下去一定比完美主義來得重要。就算你從小事做起，或者只能一步一步地實現目標，重點是不要放棄。經濟衰退只是暫時的，而這不僅僅是錢的問題，做好準備及研究調查也能讓你離目標更近一步，而這些事情唯一的成本只有時間而已。

敢於做夢

承認吧，擁有自己的房子是你最終的財務目標嗎？這很難達成，但是考慮到英國的租房惡夢，我完全可以理解。

我不是那些「愛評頭論足」的財經專家，對你在Netflix或者酪梨上浪費錢指手畫腳，或者要你戒掉生活中的所有小確幸，只為了購買一棟房子。

我是一個現實主義者。事實是，如果沒有一個重要的先天因素，也就是含著金湯匙出生，大多數人是買不起房的。Bomad，也就是所謂的「父母親銀行」（Bank of Mum and Dad），據說他們為成年子女墊付的買房押金數額之大，規模相當於英國第九大貸款機構。

你至少要先拿出房產價格的百分之五，不過百分之十或者十五更好，我等等會解釋背後的原因。

父母親慷慨的貢獻是大多數首次購屋族實現夢想的關鍵，然而，人們很少承認甚至談論這件事。

我的朋友林恩·比蒂（Lynn Beattie）是一名個人理財專家，以及Mrs MummyPenny網站的創辦人。林恩正致力於改變這個現況，二〇二二年，有一條推特在在網路上迅速竄紅，而她就是幕後推手：

我們能不能對自己第一套房子的支付方式誠實「一點」？對，我當時二十四歲，但我是和男朋友一起買的，他比我大十歲，所以存款比我多很多。他付了全部的頭期款。

超過兩百萬人看見林恩的推特，她獲得了超過一萬個讚、轉發和真實的自白。她說：「坦誠的浪潮非常猛烈。」

大多數人的回應是承認自己沒有存錢，要麼是有得到一筆錢，要麼是有繼承了一筆遺產，要麼是得到了遣散費，要麼是在二〇〇八年之前買的房，那時候買房的頭期款不需要很多，像我就是那時候買的。

林恩說：「人們隱瞞這些事實好幾年了，大家的坦誠讓我如釋重負，到現在那一則推特還有人在回覆。」

這些回覆對於那些沒錢買房的人是一大安慰。事實就是，如果沒有某件事或者某個人在經濟上的幫助，省下Netflix和酪梨的錢一點屁用都沒有。

影響比較大的是量化寬鬆政策（Quantitative Easing），簡稱QE，請不要逃跑，因為這和現在房地產價格是否會崩盤有直接的關係。

二〇〇八年金融危機之後，世界各國的央行開始「印鈔」來減緩經濟崩潰的速度，好吧，實際上是創造出數位貨幣來大量買進政府債券，但效果和真實的鈔票其實是差不多的。QE是利用人為的方式壓低利率，讓銀行可以借很多便宜的錢給人們或者企業，以此來促進經濟成長。

這在過去的十五年裡讓房價大幅上漲。如果你擁有房地產，量化寬鬆對你來說非常有益，如果你沒有，這就會像是一場災難。受到金融危機的影響，銀行現在要求你在買房時要支付更多的頭期款。

儘管房價已經飆漲，但薪水卻仍然停滯不前。三十歲的時候，大學畢業生的實際收入會比二十年前還要少。一般貸款的金額只能借到薪水的四點五倍，然而英國的平均房價是平均工資的七倍，在倫敦甚至是十一倍。因此，就算你的父母有能力贊助你一大筆存款，首購族仍然很難買得起房子，除非本身有足夠高的薪水。

很多大學生在畢業後都「回爐」和父母同居，拚命地存錢。他們比較幸運，不用被量化寬鬆政策之下的房東收取鉅額的租金。

我們有討論過現金的「機會成本」。但我們也要考慮為了買房而存錢的「機會損失」。這可能代表我們要先面對一個事實，也就是在目前的價格之下，你根本買不起房子。聽起來很沮喪，但我會這樣講是希望這也能讓你解脫。我們不應該把財務自由和財務特權混為一談，就算買不起房子，也不代表你就是財務上的失敗者！

但市場正在發生變化，隨著量化寬鬆逐漸變成量化緊縮（Quantitative Tightening, QT），銀行正在提高利率，讓抵押貸款變得更加昂貴，房地產的價格有可能會下降，可能是大幅下降。隨著時間的推移，這會給年輕的一代更多機會。

如果你足夠幸運，認為父母親可能會贊助你買房（請繼續讀下去），但請不要指望他們一定會幫助你。房地產和股票市場可能會影響你父母長期財務規劃的方向。

以下是關於買房的一些事實，可以幫助你判斷買房對你來說是否是一個現實的目標，不論是現在或者將來。

中途之家：準備好妥協

可怕的房價代表就算你的家人願意幫忙，還是有很多地方會需要妥協。

如果搬到更遠更便宜的地方，就能用一樣的錢買到更好的房子。混合工作模式還有遠距上班提供了更多的可能性，不過你會需要做點功課。

公寓比房子便宜，但公寓代表租賃，除了法律權益上比較吃虧以外，還需要支付每個月的管理費，也就是為了維護公共設施而徵收的費用。最終，你可能還會需要延長租約。永久產權的房子價格會更高，因為你同時擁有房子和土地。

那些殘破的房子更是想都不用想了，它們就是一個錢坑。而購買外觀醜陋、沒有花園或者緊鄰繁忙大街的房子可能會比較便宜，不過以後要轉賣的難度也比較高。

另一個妥協是時間。你是否可以努力拚升職、加薪、更好的公司或者更好的職業？還有你的第二份工作和副業呢，這些都會花掉你的休閒時間。

你的感情狀況也是影響買房能力的一大因素。「單身稅」讓租房難上加難，更不用說買房了。對於單身人士來說，一個折衷的辦法是集中資源，和朋友或者兄弟姐妹一起買房，不過你需要好好規劃這件事，最好是起草一份法律協議。

另外，你也可以暫時擱置買房的想法，移居海外。如果旅行是你人生很大的一部分，試著爭取海外職位會是一個很好的方式。誰知道呢？你甚至可能會有住房津貼。

共享產權（Shared Ownership）是如何運作的？

共享產權是政府支持的陰謀，用來彌補租房和買房之間的差距。共享產權旨在讓人們能用更實惠的方式擁有自己的房子，不過這樣的買房方式充滿了各種妥協，到頭來可能會比你想像中的還要貴。

有意買房的人需要滿足某些標準，包含薪水低於一定的水準。這也只適用於一些特定的住宅區，不過你可以透過共享產權轉售計畫（shared-ownership resale scheme）購買現有的房屋。

最簡單的解釋方法就是半租半買：

- 使用現金存款和抵押貸款購買房子的一部分（百分之十到百分之七十五）
- 支付租金給不屬於你的那一部分
- 通常，每個月還要支付服務費

請注意，這代表共享屋主可能會面臨成本上升，基於以下三點：

- 抵押貸款利率可能會上升，由於共享產權是比較專門的領域，因此選擇相對有限，貸款機構的收費可能會更高。
- 共享產權的租金通常會跟著通貨膨脹一起增加，如果你的工資還在原地踏步，就會面臨一定的困難。
- 服務費每年都不一樣，而且沒有上限。

每個月的租金加上服務費往往會超過你每個月貸款的還款金額，讓你沒辦法「往上爬」，也沒辦法慢慢把房子的產權買下來，這也就是為什麼我說共享產權某種程度上是一個陰謀。

在我的朋友和同事之中，那些成功「往上爬」的人，要麼是收入增加到足以申請更大的抵押貸款，要麼是得到了一筆錢，像是遺產或者遣散費，要麼就是找到了能夠一起生活的伴侶。

當你買下更多產權，它的價值會是根據當下的行情，而不是最初購買的時候。

然而，比較大的吸引力在於穩定性，不像傳統的出租，你可以長期居住在那裡。

綜合上來說，我有些朋友很喜歡這個方式，他們認為「比租房好多了」。有少數人對自己的決定感到後悔，他們認為「成本比想像中的高很多」。但所有的人都強調，你需要自己睜大眼睛做決定。

要了解這些優缺點，我強烈建議你去www.sharedownershipresources.org這個獨立網站，並閱讀所有「My SO home」裡面的案例，其中包含了人們分享自己使用共享產權的歷程。

我負擔得起一棟房子嗎？我能夠借多少錢？

不論你的目標是公寓、房子或者共享產權房，在開始找房子之前，你需要知道以下所有問題的答案：

你的信用報告中是否有任何不良紀錄？用ClearScore或者Experian免費下載你的信用報告，並提前把問題都解決。如果信用分數良好，貸款人會認為你是一個更安全的賭注，也更有可能提供你較低的利率。

足夠的存款：你至少需要房產價格的百分之五到百分之十，或者更多。你的工資也必須能申請到足夠的抵押貸款來支付其餘的部分。

收入證明：粗略地推算，你能借到的最高限額是年收入的四點五倍左右，而且要提供工資單當作證明，夫妻則可以借到他們共同收入的**四點五倍**。有些貸款機構會把獎金、加班費、銷售佣金等浮動的收入包含在內，有些則不會。

經濟能力測試（Affordability Tests）：抵押貸款機構會需要知道你收入中有多少可以拿來償還貸款。為了計算，他們會仔細檢查你銀行對帳單上的生活開銷和其他債務，如信用卡、汽車貸款等。借款人也必須通過「壓力測試」，以確保在利率上升的情況下，他們仍然有能力償還貸款。

其他存款：除了存款，你還需要支付印花稅，也就是房地產銷售稅。在英格蘭和北愛爾蘭，只要價格低於四十二點五萬英鎊，首次購屋者便無需繳稅。在蘇格蘭和威爾斯，該稅種則有不同的名稱和稅率。先使用線上印花稅計算機，查看你的第一套房子需要繳多少稅。然後是專業費用，像是付給律師、房產鑑定員（surveyor）、貸款經紀人（broker）的費用，加上抵押貸款的產品費用，這些費用可以加到你的貸款中，並加上利息。而這些是在你考慮購買任何傢具之前就有的開銷！

父母親銀行和祖父母銀行：如果父母親或者爺爺奶奶願意贊助你，你需要先分清楚這筆錢是送你還是借你，還有這筆錢是否在你找房前就已經得到了。

我們可以借多少錢？

一旦知道了這些問題的答案，貸款經紀人或者銀行貸款部門就可以準確地指出屬於你價格範圍的房地產。

經紀人可以接觸到市場上的所有交易，而這些每天都在變化，雖然大多數的經紀人都會收取費用或佣金，但省下來的時間和麻煩是值得的。他們知道像你這樣的買家可能會接受什麼樣的交易，也能在購買過程中幫助你。

接下來，貸款經紀人會給你一份「預批證明書」（Agreement in principle），這是一封信，裡面說明他們願意為你提供多少貸款。把你的頭期款加上這筆錢，下一個挑戰就是在你的預算範圍內找到一個房子，並擊敗所有其他的買家來守住它。

什麼是最好的存款方式？

現金儲蓄帳戶的利率是最划算的，去Moneyfacts.co.uk這個網站查看更多資訊。不過要準備好每年轉移你的錢，以維持賺取高利率。

你也可以承擔一點風險，把存款投資在股市，我在第八章中會講到更多內容，但除非你距離買房還有十年以上，否則我不會考慮這個方法，因為股市短期內有很大的風險會虧損。

如果你的年齡是十八到三十九歲之間，只要開通終身個人儲蓄帳戶，就可以獲得百分之二十五的政府津貼，你可以去Money Saving Expert查看最新的供應商排名。只要一元就可以開戶，每年最多可以存入四千英鎊，再加上百分之二十五的獎金，每年最多獲得一千英鎊的獎金。嗨，免費的錢！此外，你可以一直存到五十歲為止。

有三個重點需要注意：

- 除非這筆錢是要拿來買房，否則在六十歲前都不能使用這筆錢，不然會有百分之二十五的罰金，這代表你不僅丟了政府的津貼，還要賠上自己的存款。
- 從二〇一七年開始，房地產的價格上限就一直是四十五萬英鎊。這讓很多倫敦的買家都不知道該如何是好，他們存了好幾年的錢，到頭來卻沒辦法找到價值低於四十五萬英鎊的房地產。
- 你必須是首購族，不過重要的是，你可以和另一個非首購族的人合買。如果合買的人也是第一次，你們倆個都可以用終身個人儲蓄帳戶的存款和津貼來購買，但價格上限仍然是四十五萬英鎊。

那麼，要如何用終身個人儲蓄帳戶加速你的存款增長呢？

假設一對不到四十歲的夫妻需要四萬英鎊作為買房的訂金，而且他們都是首購族，也就是說一個人要付兩萬英鎊。如果他們兩人每個月都在終身個人儲蓄帳戶存入三百三十三元，就能在四年內達到這個目標：

- 三百三十元／月＝四千元／年
- 加上政府津貼五千元
- 堅持四年，一個人就會存到兩萬元

如果他們每個月「一起」存下三百三十元，那就會需要兩倍的時間，不過還是可以在八年內得到總共八千英鎊的津貼。

每個月三百三十元的儲蓄目標可以是你制定預算的動力。消失吧！Instagram的廣告！

但這也可能會是一個負擔，如果因為一個人存三百三十元而沒有錢出去放鬆，就有可能會分手！有時候生活也是需要一點平衡的。

如果家人能夠提供幫助，告訴他們你的儲蓄計畫，以及他們的錢能帶來的變化，這會幫助他們評估借錢給你的可行性。對於年長的親戚來說，現在提供幫助可以節省未來的遺產稅，如果他們在財務贈與（financial gift）之後七年後都還在世，就不用繳稅。最後，記得記錄，並且要非常清楚每一筆錢是贈與還是貸款。

對於所有長期目標來說，你的財務狀況很有可能會發生變化。預料之外的開銷可能會在某幾個月突然襲來。相反的，如果你獲得加薪，也會發現自己能夠存下更多錢。

約翰・藍儂（John Lennon）有句名言：「生活就是在你忙於做其他計畫的時候，發生在你身上的事情。」我的看法是，計畫是可以調整的！

事實上，計畫可以幫助你處理危機。你已經習慣於審視自己的數字，所以更能夠知道要運用哪些工具來隨機應變。希望這些可以幫你把陷入債務的風險降到最低，並提供你更多的選擇來重振旗鼓。

關於購買房地產，他們沒有告訴你的事

我必須承認，我有點愛上了房產專家亨利．普瑞爾（Henry Pryor）。是的，嚴格上來說，他是一個房地產仲介，但他是一個買方仲介，只為要買房的人服務，努力為他們爭取更好的交易。

兩者之間的差別非常重要。當你想要找房或者看房的時候，很容易就會把帶你看房的人當作你的仲介。

亨利說：「這就好像一隻綿羊或牛走進屠宰場並說：『這是我的屠夫。』永遠不要忘記，仲介的存在是為了提供你財務上的支持！」

寫這本書的時候，每個仲介平均負責二十四個房地產，並且有五百個申請人在排隊。為了判斷你是否有機會成交，他們通常會問自己：「這個人是可以繼續的嗎？」

要被歸類在「可以繼續的」，你必須讓仲介以及屋主相信你已經做好了充足的準備，有足夠的資金，並且這筆交易能夠順利迅速地進行。

想要被認真對待，你需要出示貸款機構的預批證明書，或者貸款經紀人的電子郵件，加上你名下銀行存款的截圖，這筆存款至少要有百分之十的房地產價格，最後，還要一位正在

待命的律師，可以請家人和朋友介紹他們先前有合作過的。

亨利說：「這樣他們就會覺得：『這筆錢滿好賺的。』」房地產仲介都有接受過培訓，會問一些問題來衡量獵物，所以不要說太多話。亨利說：「他們會需要知道你的岳母願意在需要時多出一萬英鎊嗎？不需要！」他們也會誇大事實，所以要仔細聽。一個常見的說辭是：「這個報價我們已經拒絕過另一個人了。」亨利建議我們的回答是：「那個報價是來自『可以繼續的』買家嗎？」

你也可以問他們是否是第一個接受委託的仲介，如果不是的話，是為什麼呢？還有他們的客戶是否已經找到了另一個新的房子，或者還需要一點時間。首購族有一個很大的優勢，那就是他們不需要在購屋前出售房地產。這一點會讓你比起其他人更加「可以繼續」，就算你的報價不是最高的。

報價

亨利說：「賣方報價是屋主的貪婪加上房屋仲介想要成交的熱忱。」你現在明白為什麼我這麼喜歡他了嗎？

即使賣方報價在你的預算範圍內，如果它與周遭地區的房產價格嚴重脫節，貸款機構可能會要求你拿出更多的存款，這被稱為估值下修（Down Valuation）。

為了爭取時間，亨利建議我們告訴仲介：「我們晚點會提供一個報價給你。」

在英格蘭和威爾斯，如果報價是「以合約為準」，你可以在之後撤回，而且不會受到任何懲罰。不過問題是，另一方也可以！所以你可以考慮購買購屋保險，費用大約是六十英鎊。這樣交易失敗時還能拿回律師、房產鑑定員、貸款經紀人的部分費用。英國的現況是，大約三分之一的交易都會失敗。

即使你的報價已經比賣方報價高了百分之十，仲介也會為了自己的利益而試圖讓你提高報價，通常，他們是按照成交價格的百分比來抽成。

亨利嘆息道：「有很多人說自己提高了報價，因為仲介說這筆錢還不夠。他們不是你的仲介！這樣做只是在與自己的報價競爭而已。」

成交

你的第一個挑戰是贏得競標，第二個是委託專業人士並買下這棟房子。

如果對方接受了你的報價，你就要把預批證明書升級成一份穩固貸款要約（firm mortgage offer）。貸款經紀人會告訴你有什麼選擇，以及固定利率的持續期間，大多數貸款的固定利率都是兩到五年。同時，你還需要委託一位律師。

一定要做好全面調查，如果有潮濕問題，或是原本建材中含有石棉等狀況，至少要把修繕費用考慮進去，在談價格時提到這一點。交換合約之前，要準備迎來最後一波雌雄對決，也就是房子裡包含哪些家電和設備。一般情況下，賣家都會願意提供大型家電，儘管有些崁入式家電已經包含在房子裡了。

最後，你還需要考慮三筆開銷。

第一，建築保險（Buildings Insurance）和財物保險（Contents Insurance）

第二，預留一點每月維修保養費。剛搬進我的公寓時，有一天我早上醒來發現地毯是濕的，原來是廚房的水管漏水。當時我還在想：「天哪，我要趕快打電話給房東。」然後才意識到自己已經沒有房東了，也沒有保險。

最後，夫妻合購可以考慮購買人壽保險，這種保險每個月只需要花費五英鎊左右，如果其中一個人去世，便可以支付全部或部分的抵押貸款。不幸的是，這個悲劇真的發生在我朋友的朋友身上，最後另一半不得不把房子賣掉，真的是一場災難。

再抵押貸款的挑戰

如果你已經踏上了購入房地產之路，那太好了，你已經實現了夢想！不過，現在你要擔心的可能是貸款的問題。

我之前提到的量化寬鬆一直在抬高房地產的價格，這些年來你可能早已從中受益了。此外，量化寬鬆也讓利率一直保持在低水位，所以大額貸款的服務費用也很便宜。

問題是，現在利率正在上升，而且是以很快的速度上升。

隨著固定利率貸款期結束，你必須尋找另外的替代方案。每個月的費用很容易就會多出幾百英鎊，這會是一個突如其來的衝擊，你和你的預算都必須做好準備。

一定要對到期日瞭如指掌，並提前列出可能的選擇。最晚你都應該要在前七個月開始準備，很多貸款機構會讓你在到期前六個月「鎖定」一個新的利率，做好準備就可以避免在固定利率結束時恢復到可怕的標準浮動利率（Standard Variable Rate），這可能會比新的固定利率還要貴。

當你打開抽屜，試著找到貸款文件時，記得弄清楚提前贖回費用（Early Redemption Charge）是多少。如果你打算提前鎖定一個新的貸款，這是打破合約必須支付的罰金。距離合約到期時間越近，這筆錢就會越小，不過價格還是有可能高至幾千英鎊。在Nous.co這個網站裡有一個好用的計算機，它會根據當前的利率幫你估算打破合約是否划算。

隨著利率上漲，大多數人可能會想要直接把貸款付清，以節省利息的費用。找一個貸款超額還款計算機，可以模擬可能省下來的錢，以及這能夠幫你提早多少年還清貸款。

為了讓房地產的價格更平易近人，貸款機構一直在拉長還款期限的長度。之前是二十五年，現在是四十年。最重要的是，這減少了每個月需要償還的金額，讓年輕買家更能通過之前提到的經濟能力測試，不過從長遠來看，這會讓你支付更多利息。

假設你借了三十萬，利率是百分之六。如果你把還款時間拉長到四十年，每個月的償還金額可以省下將近三百塊。然而，延長貸款總共會讓你多付超過二十萬的利息。

一開始就把少量的超額還款納入考量可以幫你省下一大筆錢，但要注意，一般的限制是每年超額還款的金額不能超過未償還貸款金額的百分之十。你可以把還款金額提高到一個固定的數字，或者如果你喜歡自動化解決方案，可以使用像是Sprive這類應用程式，它會根據你每個月的預算不同，制定超額還款的金額，但不是所有貸款機構都適用。

如果你的固定低利率貸款還有幾年的時間，與其每個月超額還款，不如把錢存在市面上利率最高的儲蓄帳戶，這會是更彈性的解決方案。這樣一來，你便能在固定利率結束之前用它來償還一大筆貸款，而且遇到緊急情況的話也有現金可以使用。

房價是否會崩潰呢？

利率上升將導致房價下跌，這是不可避免的，只是我們不知道會下跌多少罷了。

如果還款金額上升，這將影響到人們能夠負擔的貸款金額。貸款機構將會無法提供我們一樣多的貸款，有些人可能難以承受還款的金額，並被迫賣掉房子，不過在那樣做之前，我建議先研究一下所有可能的替代方案。我知道有些人已經開始節流，賣掉房子並搬到更小更便宜的地方，或者出租閒置的空間以賺取外快，詳情請見第九章。

如果房價崩潰，對於首購族會是一件好事嗎？你可能會覺得是，不過導致房價下跌那種陰霾的經濟狀況，也會讓人們更難借錢買房。

當價格下跌，銀行會對借錢更加謹慎。他們不希望最後貸款的價值低於其抵押財產的價值，也就是所謂的負資產。

因此，首購族可能會需要更多的訂金。這也會影響到你被收取的利息，越少頭期款代表越高的風險，所以會被徵收更多利息。

然而，我認為你不一定要因此放棄買房。這是一個真正的長期目標，我們不知道市場未來的走向，不知道未來政府會引入什麼樣的新政策來幫助首購族，也不知道銀行和金融監管機構會採取什麼措施來因應未來的困境。

關於買車，他們沒有告訴你的事

除了買房以外，你這輩子有可能會買的第二貴的東西就是汽車。就像你住的房子一樣，汽車是財富和地位的象徵（哈嘍，Yolo哥）。然而，汽車融資計畫（car finance plans）可能會對你的未來造成重大影響。

跟你說一個祕密，那些開著好車的人，很少是真正擁有車子的。

在英國，超過百分之九十的私人新車，還有越來越多的二手車，都是透過融資購買的，其中最常見的方式稱作個人購車合約（Personal Contract Purchase），或是ＰＣＰ。

這種合約讓人們能夠借到足夠的錢，拿來購買一輛他們可能永遠都無法直接購買的汽車。對於開著一台好車來說，融資計畫每個月的付款可能聽起來很划算，但它們也可能非常昂貴。請上車，容我娓娓道來。

大多數的PCP都是由汽車製造商自己的融資部門所提供，而且往往會被他們稱作所謂的「解決方案」。PCP的銷售方式是透過汽車經銷商，經銷商會收取佣金作為交易的一部分。你需要想清楚，這樣的買車方式對你來說是否是一個好的解決方案，或者是對他們來說的好方案！

賣點非常簡單，一輛兩萬英鎊（新台幣八〇萬）的車子，只要每個月付幾百英鎊就能直接開走。有什麼好挑剔的呢？簡而言之，就是額外的成本和費用，包括還款的利息，還有在合約結束時你需要避開的財務陷阱。

斯圖爾特．馬森（Stuart Masson）是前汽車經銷商，現在他經營消費者購車網TheCarExpert.co.uk。他說：「汽車業完全仰賴人們用自己沒有的錢，買他們不需要的汽車。」

我們來看一下典型PCP交易背後的祕密。讓我們回到標價兩萬英鎊的汽車上。大部分的情況下，汽車經銷商會要求你預付百分之二十的頭期款，也就是四千英鎊。現在，大多數PCP交易為期四年，而你需要借的錢是根據四年結束時汽車的預估價值來計算的。比方說，估計四年後這台車的價值剩下七千英鎊。

為了彌補差額，你需要借款一萬六千英鎊，也就是兩萬的售價減去四千元頭期款。如果這是分期付款購買協議（Hire Purchase Agreement），你每個月就需要償還三百三十三塊加上利息，分為四十八期。

然而，PCP交易在前四十七個月提供你較低的月付款，第四十八個月才會有一個大額的最後款項，被稱為大額尾付貸款（Balloon Loan）。

在這個情況下，你要支付一百九十一點五元加上利息，連續四十七個月。現在這輛新車聽起來滿實惠的吧！我們等等再來談談最後的付款……

如果你使用PCP購買一輛全新的汽車，汽車經銷商通常會給你一個特定的年利率，通常是百分之四左右。不過隨著利率上升，斯圖爾特說平均利率已經爬升到百分之七左右了，而二手車的利率則是百分之十至十五。

你的合約會具體說明每個月的還款額和利息是多少，但不用說你應該也知道，你最後為這台車支付的總金額一定遠遠超過它的標價。

除了每個月的還款以外，你還需要考慮到汽油、保險、維修和車輛救援保險，儘管有一些PCP合約會把這些費用納入其中，但也不是免費的！根據The Car Expert的資料，目前平均總成本會落在每個月兩百二十元左右。

讓我們把時間快轉到最後一個月。過去四年，你一直都有被收取利息來借這筆錢，不過想要完全擁有這輛車，你還是需要拿出錢並支付最後的大額尾款。在這個例子中，這筆金額是七千元，也就是汽車的最低未來價值。

斯圖爾特說：「大多數人顯然拿不出七千元來支付最後這筆錢。」在這個節骨眼上，你可以把車還給經銷商然後轉頭離開，或者是去借更多的錢（包含更多的利息）來還清這七千元。然而，如果你想把車還給經銷商，但是里程數超過了PCP合約裡的限制，就會需要為超額里程支付罰款。

第三個選擇是再簽訂另一份PCP合約，並開走一輛更新的車子。於是，這個循環又開始了。這就是汽車經銷商喜歡PCP的原因，可以擁有源源不斷的生意。

因為疫情，新車的製造速度緩慢，這導致二手車的價值比預期還高。那些PCP合約在二〇二三年結束的人，甚至會發現自己手上這輛車是「資產」，比當初經銷商同意的未來價值還要高。這可能會給你一點自信，讓你再去簽一份四年的合約，並升級成一輛更好的車。不過斯圖爾特警告說，二手車的行情並不會一直持續下去。

他說：「汽車經銷商知道PCP背後的邏輯，但我擔心許多人不懂PCP可能的後果。不論你是用什麼樣的融資方式，確保你知道自己在做什麼，而且要按時還款。」

你可能早已從年長的親戚那邊聽說，新車的問題在於，只要你把它從前院開走，它的價格就和新車的味道消散地一樣快。一輛價值兩萬的新車，如果想在一年後賣掉它，理論上可能就會損失百分之十五到三十五的價值，而這僅僅是因為它不再是「新」的了。

戴夫・拉姆齊（Dave Ramsey）是美國一位節儉地可怕的金錢專家，他認為除非是百萬富翁，否則沒有人應該買全新的車子。為了防止「生活方式的通膨」，他還有一條著名的準則：你所有車輛的總價值不應該超過家庭年收入的一半。

老爺車經濟學（Bangernomics）是一個新創的詞，用來形容開舊車省錢的行為。對一些人來說，這是買車最划算的方式。雖然你可以用PCP購買老爺車，但拉姆齊學派的觀點是，你應該存錢買一輛可靠實用的二手車。The Car Expert和Honest John這兩個網站有很多實用的研究工具可以幫到你。

其實還有其他方法可以實現買車的目標。

琳賽・庫克是Mrs Mean Money Show這個播客節目的主持人，她指出，如果你要借錢買二手車，銀行貸款的利率很可能會比PCP的還款金額低，先上網比較看看你能夠得到什麼樣的利率。在選車上妥協，這能夠減少每月的還款金額。此外，貸款還清後，你也可以擁有這輛車，不需要支付大額尾款。

她說「現在的汽車非常可靠，尤其是那些有定期保養的車子，經銷商應該提供保固服務。」琳賽說她上一輛車開了十二年多都沒有問題。她補充道：「檢查交通部（MOT）的服務記錄，並使用totalcarcheck.co.uk來確認這台車沒有失竊、報廢或者被任何信貸公司擁有的紀錄。」

老車可能需要更多維修費，但你可以把自己存的一些錢當作應急基金，用於未來汽車的維修。

預算就是這樣，你花越多錢在一個地方，其他地方就會分配到的錢就會比較少。如果你每個月PCP的還款金額很高，想想看那筆錢的「機會成本」。如果不需要花那麼多錢在汽車融資，你會把錢用在哪裡呢？

不過，如果你經常開車，而且真的需要一輛好車的話，或許你真的應該買一輛自己喜歡的車！

最後，如果你用任何的融資方式買車，不要忘記每個月還款的金額，抵押貸款機構在評估你的經濟能力時，會把這點納入考量。

讓自己跳脫日常生活，並放眼未來是一件振奮人心的事情。財務規劃讓我們知道哪些目標是有可能的，並告訴我們要如何一步步接近那個目標。

這樣做的壞處是接受事實，知道自己不可能擁有一切。如果你已經下定決心，知道買房不是你想做的事，那就放手吧！這並不代表你就是一個財務上的失敗者，也不代表你就要放棄其他的財務目標，或者你就必須放手一搏，為了夢想而承擔巨大的風險。

下一章，我們會談到「財富捷徑」（weatlh shortcut）的誘惑，以及為什麼你需要對這些方法保持謹慎。

第六章

危機四伏的財富捷徑

你有在投資嗎？

面對這個問題，常見的答案是：「嗯……之前有。」

封城期間，閒置的金錢加上空閒的時間讓好幾百萬人首次投入股票或者虛擬貨幣市場，你可能就是其中一個！

確實有人撈了一筆，我猜你很多朋友應該都有賺錢。我們是怎麼知道的呢？因為他們自己說的！

錯失恐懼症（fear of missing out, FOMO）是一種非常強大的情緒。看到別人賺「快錢」會讓你想要自己也試一試，這絕對不是什麼丟人現眼的事。

不過拿其他「投資人」和自己比是很危險的。羨慕或者自卑會讓我們被迫做出跟風的投資決定，而這種決定完全是感性的，沒有理性的評估，所以完全違背了前面提到的金錢習慣！他們賺到的我們也想賺到，隨波逐流會讓你無法評估這項投資是否適合你，也無法評估其風險。難過的是，詐騙集團很容易操縱這些情緒，讓我們動搖並做出會後悔的財務決定。

現在，你可能已經有些虧損，且正在後悔自己的決定。儘管如此，你也可以從自己的經驗中吸取寶貴的教訓。

你很可能因為看到別人的收益就做出某項投資決定，而不是思考自己正把錢花在什麼東西上，或者所涉及的風險高低。

我不是要你再也不投資了，但我想要向你介紹七大習慣中的另一個，也就是「保持好奇心」，希望這可以幫助你意識到高風險投資策略的危害。

在本章節，我們會探討「快速致富」的情緒拉扯，以及為什麼所謂的快速致富其實是快速破產。等等我會向你展示，有些「投資」其實跟賭博沒什麼兩樣，通常情況下，你獲勝的機率很低，有些投資甚至只是一場騙局。

財經網紅們看起來或許很可靠，但社群媒體已經成為詐騙集團從我們畢生積蓄中分一杯羹的管道了，而且他們的目標很明確，就是年輕族群。

習慣五：保持好奇心

用開放的心態學習自己對財務沒有信心的部分，是未來成功的關鍵之一。

目前我認為最重要的習慣就是找到提問的信心。人們經常問我：「為什麼你這麼了解錢？」答案是，我會到處問人！身為一名財經記者，我每天都在學習關於錢的新知識。

關於錢，真的沒有所謂的「蠢問題」，不過我們天生就不願意承認自己所知甚少，這讓我們很容易被同儕壓力或者網紅所影響，甚至是淪為詐騙集團的受害者。

在金融界，如果某件事情看起來很划算，背後通常都有陷阱。前面幾章應該已經教會你如何對這些事物感到好奇，不過在更大的騙局中，詐騙集團會想讓你相信其實沒有陷阱，進而放下防備。

他們可能會保證你能得到一定的金額，穩賺不賠，輕鬆賺錢或者能以一半的價格買到好東西……總而言之，這些東西都美好到有點不像是真的，如果感覺某個東西太過美好，那就幾乎可以確定是個騙局。不過感性的層面上，可能有點難發現這些警訊，因為詐騙集團通常很會利用我們的貪婪、恐懼和絕望來操縱心理。

因為錯失恐懼症而投資的人也是一樣。隨波逐流並相信自己能夠提前布局下一個「迷因股」或者加密貨幣，這點非常誘人。不過，你不能因為別人覺得這是一個好主意，就盲目跟隨而不自己做研究。

行為科學告訴我們，頻繁交易的人都會相信自己的直覺。我們把賺到的錢歸功於選股的能力，卻把虧損的責任推給運氣不佳！所以問問你自己吧，什麼樣的內在偏見（internal bias）會影響到你？

想想自己投資是想要得到什麼，並做一個長期的規劃，這會比不斷尋找「下一支熱門股」還要有效，也不會那麼累！好奇心可能會違反你的自然本能，不過這是一種習慣，讓你不會因為做出錯誤的決定而付出慘痛代價。

為什麼我們都會掉入「快速致富」的陷阱？

每個人都想要快速致富，再加上越來越絕望的財務狀況，這兩件事解釋了為什麼就連最聰明的人會也賠掉大筆的錢，而且明知疑點重重卻還是執意向前。

多年前，我還在為《投資者紀事》（*Investors Chronicle*）工作時，常常參加倫敦高級飯店的「房地產俱樂部」。在那裡，光鮮亮麗的銷售人員會試圖說服五十幾歲的人把自己一生的積蓄投進各種奇怪的專案。於是，這導致了我後續一連串的揭露。

輕鬆致富是花錢的開始。飯店裡的賭徒們可能不太了解海外的房地產，但他們都知道自己想發大財！

當時我冒充投資者，提出一些尷尬的問題，像是問除了銷售人員以外，誰能從這些投資專案賺到錢。我知道自己會被保全人員趕出酒店，所以有做好心理準備，但意料之外的是，就連去參加的其他聽眾都看我不順眼，為什麼呢？因為我毀滅了他們「財富自由」的夢想，他們想要相信那些都是真的。

現在這個時代，你甚至不需要花錢在高級飯店租個房間，社群媒體大大提升了我們被騙錢的可能性，而要做到這點輕鬆到非常可怕。

計畫那些陰謀的人和詐騙集團很瞭解我在本書一開始揭露的金錢祕密，也就是大多數人都不瞭解錢，但我們喜歡假裝自己很懂。我們或許不太會有好奇心，也不會問一些尷尬的問題，因為我們覺得承認自己不懂是非常愚蠢的事情。不過，奮不顧身地往前衝更是愚蠢。

高風險投資、賭博和詐騙集團之間的界線非常模糊，不過在任何情況下，「快速致富」都是吸引我們的原因，但我們的情緒被人操控，所以會對風險視而不見。

慢慢累積財富需要很長的時間，不過如果你太過貪心，財富就會在一夜之間化為灰燼。以下內容應該可以幫助你學會判斷，並保護自己遠離那些對你心懷不軌的人們。

高風險投資

每個在疫情期間開始投資的人都有學到寶貴的一課，也就是不要因為市場上漲就誤認為自己是選股天才。

一開始，你的投資可能表現強勁。記得我在第五章提到的量化寬鬆嗎？沒錯，在Covid-19的疫情期間，為了幫助全球經濟成長，世界各地的中央銀行抽出許多「魔法資金」，造成股市和房地產價值飆升。

拿著智慧型手機下載幾個交易應用程式，在網路上各種資訊的刺激之下，好幾百萬人試著在封城期間從股市中賺取快錢，而其中有些人真的做到了。

問題是，從行情大好的時期一直到現在，經濟狀況已經急轉直下。「魔法資金」已經蒸發了，世界各地的股票市場開始下跌，快速致富就到此為止了！而許多新手投資者沒辦法完全瞭解的，是自己所承擔的風險。

我們下一章要講的長期投資，和短線交易之間有很大的差別。我們很容易相信自己可以從「機密情報」中獲利，或者是一個來自知情者的「第一手消息」可以讓我們快速撈到一筆錢。

二〇二一年一月，我們就從遊戲驛站（GameStop）軋空事件中觀察到了這一點。成千上萬的散戶投資人在網上合作，一起購買這家陷入困境的美國電腦遊戲零售商的股票。那些「做空」，也就是不看好這家公司的專業投資人，最後只能被迫解套，導致該公司的股價飆升。

這起事件帶來的風潮中，我在《金融時報》的一些同事感到非常震驚，因為他們發現自己十幾歲的小孩也有參與這波熱潮。他們看到別人賺了錢，就認為自己也做得到。不過之後他們很快就了解到，是購買遊戲驛站的人太多，因而推高了價格，而不是因為這家公司的基本面或者任何價值，當炒作消退後，價格就跟著下跌了。

加密貨幣界裡的「拉高倒貨」也會起到類似的作用，不過這部分我等等再細說。

我一直有在參與股票市場，我看過很多年輕的投資人，絕大多數是男性，他們在封城期間嚐到了短線交易的甜頭。

我堅信短線交易比起投資，更像是賭博，而我也親眼目睹過短線交易是多麼容易讓人上癮。

短線交易的本質就是把高風險的賭注押在價格快速變化的股票上，你可能會覺得自己的選股能力可以幫助你從中獲益，但其實大部分靠的都是運氣。線上交易平台讓你把錢押在不同的股票、指數或者外匯上。

我有採訪過一些學生，他們白天和晚上都進行交易，在倫敦市場早上八點開盤前就開始，一直到紐約的白天甚至更晚。這不僅有其風險在，還需要大量的時間和努力，而且回報往往不是很令人滿意。

想一想第二章提到的「賺這些錢花了多久時間」，如果你交易了八個小時，最後只賺了五十元，這完全不是勝利，只是賺了比最低工資還要少的錢。

如果你對自己感到失望，也不要害怕。因為前方有一個巨大的線上生意在等著你，各種選股技巧、交易課程甚至是交易學院的會員資格，其中很多確實都非常可疑。但社群媒體上那些虛張聲勢的網紅似乎總有源源不斷的客源，為什麼我們會上當呢？

希米恩·布朗（Symeon Brown）是一名新聞記者，在他撰寫的《底層網紅：時尚、金錢、性、暴力……社群慾望建構的最強龐氏騙局！》（*Get Rich or Lie Trying*）這本書中，他研究了這些網紅成功背後的心理學[12]。如果遇到的不是一個穿著西裝的中年大叔，而是一個跟你外表相近的人，他提供你學習和達成財務自由的方法，就算是生性多疑的人也會禁不住誘惑。

賣點之一就是他們自己「白手起家」的故事，這讓其他人相信自己也可以效仿這樣的成功，於是你花錢報名參加一個昂貴的課程，想要學習高風險交易的「祕密」。

他們一定會從你身上賺到學費，你也可能把自己的錢給輸光！

很多網紅也有在做加密貨幣的投資。這兩種「商業模式」通常都仰賴於聯盟行銷（**affiliate marketing**），也就是交易平台支付佣金給網紅，而網紅試著把自己的粉絲導向這個平台並註冊帳號，他們甚至還會呼籲你找朋友一起來註冊。就如同希米恩所說的，這些人的勞力士和跑車都是來自交易平台的佣金，而不是短線交易的獲利。

一般來說，這些行銷策略的受害者都是年輕男性。他們也是運彩公司、交易應用程式和加密貨幣平台的主要獵物，這點可以從足球隊球衣上的贊助商名單中看出端倪。

足球運動員在球場上勇於爭取榮譽的行為，與被高風險賭注之下的獎勵而誘惑的大男人主義之間，肯定有著強烈的情感連結。根據英國賭博委員會的數據，男性成為賭徒的可能性比女性高了七點五倍。這種對大贏家的渴望，使我們忽略了可能會輸的事實，看看線上博弈平台的巨額利潤，你就知道誰才是真正的贏家了。

在投資界，有些交易網站允許賭徒簽訂差價合約（Contract For Difference, CFD），這是一種非常有毒的賭博形式，讓你可以「槓桿」你的交易，也就是借錢放大賭注。這會讓你賺得更多，但也賠得更多。

英國金融監管機構要求提供差價合約的網站要在醒目的位置警告大眾，然而一直到現在，「百分之七十九的投資人利用差價合約交易時會虧損」這樣的警告還是沒辦法讓人們望而生畏。即使勝率如此之低，發財夢還是讓人們相信自己可以戰勝機率。

加密貨幣真的有那麼好嗎？

身為《金融時報》的金融素養及包容運動的負責人，我常常走進學校談論金錢。加密貨幣是英國每個十四歲孩子都很感興趣的議題。在二〇二二年的「加密貨幣崩盤」後，現在他們都問我認為價格什麼時候會再次上漲。

有很多專門「解釋」加密貨幣的書，不過這本書不是其中之一。就加密貨幣的技術和反建制街頭信譽（anti-establishment cred）而言，它並沒有內在的價值，你付錢購買的只是附帶夢想的程式代碼。除此之外，它是一種完全不受監管的投資，也沒有所謂的投訴部門。

加密貨幣有未來可言嗎？我當然不會全盤否定它之後的發展，但我也不想把自己的畢生積蓄押在上面。這些「幣」未來是像貨幣一樣可以拿來買東西，還是作為一種投資，很多人都感到十分困惑。不可能兩種都是吧！

然而，很多人抱著兩者都有可能的期待進行交易，人們接受加密貨幣的規模和速度非常快。現在，在英國，持有任一種形式加密貨幣的人數，幾乎和用股票投資帳戶（stock and share ISA）投資的人數相當。

大多數人持有的是比較成熟的貨幣，像是比特幣和以太幣，但據說有超過一萬種不同的「幣」存在於市場，其中很多在網紅推銷給自己的粉絲後就逐漸消失，讓早期投資者可以「倒貨」並從中謀利。

加密貨幣騙局的起源

早點布局一些名字很奇怪的幣，然後在其他人湧入後賣出，這種加密貨幣「投資」的性質讓它很容易成為詐騙工具。我聽說過很多人被社群媒體上的網紅所欺騙，他們聲稱自己有內線消息，並說服粉絲們「投資」。有時候，在第一筆投資賺錢後，他們會被說服再投入更多錢，不過一旦這些人嘗試賣出自己的幣時，價格就會崩盤，這時他們才會意識到自己被騙了。

根據英國金融行為監管局（ＦＣＡ），二十五歲以下的人相信社群媒體上投資資訊的機率比其他人高了六倍。我其實並不驚訝，因為現在很多人都會在社群媒體上尋求個人的理財建議、好物推薦等等。不過，因為社群媒體，我們會用一種無益也不健康的方式與他人比較，詐騙集團很會利用這種「不要輸給鄰居家小孩」的心態。

最新的騙局是利用「假帳號」冒充一些財經網紅，我也是被冒充的對象之一[13]。他們複製我的照片和影片，不過在個人資料的名稱上會有一點微小的差異，比方說@claerb1和@claerb。然後假帳號會傳訊息給我們的粉絲，問他們想不想賺點外快，並要求他們投資某個加密貨幣。請放心，我是絕對不會做這種事的！就像收到陌生人傳網頁連結給你一樣，遇到這種事請務必多加提防。

研究顯示，擁有加密貨幣的人很高機率是年輕男性，而且他們很有可能會把所有資金都押進去。他們不做任何無聊且明智的投資，像是退休金計畫，只是盡可能地加大加密貨幣的押注，想要快速致富。

加密貨幣最大的誘惑是它已經讓財富大眾化，有這樣的說法是因為它確實讓一些人變得非常富有。那些因為巨大的價格變動而發財的人可能是白手起家，可能是年輕人，是黑人，是工人階級，是移民。總之，就是那些太窮且無法從傳統金融世界賺錢的人們。

換句話說，如果你是量化寬鬆的受害者，那麼你可能有希望，會在加密貨幣的交易中處於勝利的一方！

我聽說，人們會對加密貨幣和其他高風險投資感興趣，原因不僅僅是錯失恐懼症，還有「永遠賺不夠錢恐懼症」（Fear of never quite earning enough），難過的是，我也認為這是真的。

我曾經採訪過那些借錢來注入更多資金的投資人，他們希望能夠將自己的利潤最大化，但許多人現在只剩下毫無價值的投資，卻仍要支付信用卡的帳單。對快速致富的渴望讓他們失去了財務韌性（financial resilience），有些人甚至賠上了性命。二〇二二年五月的露娜幣（Luna）崩盤後，因為那些失去一切的投資人，自殺求助熱線的電話號碼被置頂在論壇留言板上。二〇二二年十一月加密貨幣交易平台FTX倒閉時，數十億美元的資產憑空消失，加上一百多萬的投資人輸得精光。這些人必須吃過苦頭，才會知道在加密貨幣的世界裡，沒有任何的消費者權益保護制度。

我認為加密貨幣的交易平台應該和主流投資平台受到一樣的規範和約束，但這些平台將高風險的交易方式當做一種「安全」的投資來宣傳，就算你對加密貨幣的未來有信心，我希望你也認同，這樣的交易方式是違反常態的。

現在加密貨幣的狀況不是太好，價格還沒有恢復到露娜幣和FTX崩潰之前的水位。不過投資人的記性不好，只要一經炒作，「錯失恐懼症」和「永遠賺不夠錢恐懼症」就會是驅動價格的因素，到頭來，快速致富的慾望會戰勝人們的謹慎。

從年輕的加密貨幣投資人，到房地產俱樂部的中年投資客，正是賺錢這個夢想蒙蔽了人們的雙眼，讓他們忽略了輸錢的可能性其實更大這一事實。

你會掉入詐騙集團的陷阱嗎？

詐騙集團會利用情感弱點使我們上鉤。網路詐騙在疫情期間盛行並不是巧合，二〇二一年，因詐騙總共損失了十三億英鎊，因為疫情，我們除了花更多的時間在網路上，其經濟影響也讓我們對金錢越來越焦慮。

難過的是，生活費的危機提供騙子們一個更好的機會，人們急於抓住能夠得到的任何現金，所以「釣魚」訊息才會如雨後春筍般大量出現。

封城期間，越來越多線上購物代表人們更有可能上當受騙，像是包裹運費，或者與健保有關的詐騙訊息。現在，「點擊此處領取政府水電費補助」或者「點擊領取一百元優惠券」這類的詐騙已經非常常見。

詐騙集團也會利用我們的恐懼，「你的Apple Pay已被停用」或「Netflix續約費用八十元」這類的訊息會讓人們驚慌失措。有好幾百萬的人都上當了，如果你也上當了，並不會立刻被騙錢，點擊後通常會進入一個看起來像是官網的頁面，在那裡可以輸入你的個人資料。那麼，詐騙集團有什麼好處呢？

答案是，偷走我們的個資。

在不經意間，我們就把自己的資料拱手交給犯罪份子，包括姓名、地址、生日、電話和銀行資料等等。他們也可能要求我們創建一組密碼，然後我們自然而然地就使用了跟所有其他帳號一樣的密碼，包括我們的電子信箱。

他們可以賣掉這些有價值的資料，並被其他人用來嘗試「冒充詐騙」。或許會有人打電話給你，假裝自己是銀行的某個部門。

我的黃金法則：如果你收到一則訊息，不論是Whatsapp、電子郵件或者任何社群媒體的私訊，只要裡面包含網頁連結，請先預設這是詐騙。不要點進去！保持好奇心，如果你不確定，就直接聯絡相關的部門或組織。

研究顯示，比起老年群體，三十五歲以下的族群更有可能成為目標。從小就接觸網路，我們更容易相信網路上的資訊，也更容易成為受害者。

珍妮是一名金錢診所的聽眾，她被偽裝成匯豐銀行的詐騙集團騙走了一萬七千英鎊。那通電話聽起來就像是從銀行打來的，甚至等候鈴聲也一模一樣。

不過，當電話另一頭的「專員」堅持要她把錢轉到一個「安全帳戶」時，三十一歲的珍妮還是起了疑心。犯罪份子跟珍妮說她的錢有危險，所以要盡快處理，這是詐騙集團常用的策略。他們知道只要一緊張，我們就沒辦法好好思考，也不太會去質疑任何指令。

當珍妮問道：「我要怎麼知道你真的是銀行的人？」犯罪分子說你可以上網查看看這支電話號碼，而且他們竟然還有臉稱讚珍妮有反詐騙意識！當然了，網路上的號碼和來電號碼是一樣的。

珍妮從來沒聽說過「改號欺詐」，詐騙集團可以讓自己看起來像是從特定的號碼打來的，比方說你的銀行。不幸的是，銀行和電信公司杜絕這種現象的進度慢得可憐。

什麼是錢騾（Money Mule）？

當詐騙集團從像珍妮這樣的受害者身上騙到錢時，他們知道如果把錢拆開，用幾十個不同的帳戶領出來，銀行會更難追蹤。所以如果有人願意幫忙轉移這筆資金，詐騙集團便會提供他們酬勞。

社群媒體上那些「在家工作賺外快」的廣告很多其實就是用來招募「轉帳代理人」的，他們會接收贓款並協助轉移，也就是錢騾的工作。二十歲以下的人占了錢騾人數的一半，銀行的演算法將他們標記為可疑帳號並成功捉拿。隨著生活成本的上升，銀行表示，越來越多年紀大的人擔任錢騾，但很少人意識到這其實就是洗錢，而且是刑事犯罪，就算你能免於坐牢，銀行帳戶也可能會被停用，信用紀錄也會受到影響。

於是，珍妮把錢轉了出去，但根本沒有所謂的「安全帳戶」，她只是把自己一生的積蓄交給了詐騙集團。最後花了一年的時間，珍妮才把錢拿回來。

這個故事告訴我們的是，要時刻保持好奇心。如果被詐騙集團所冒充的銀行、稅務局、投資公司或者Airbnb的房東要求網路轉帳，你並**不是**百分之百有權利拿回你的錢。

你必須證明自己已經足夠謹慎，像是當你準備轉帳時，注意到銀行應用程式上的警告。銀行調查後，他們可以決定你是否是一個「無辜的受害者」，並決定是否要全額退款給你。或者，他們也可以說你有「部分責任」，然後只退還部分現金，甚至一毛錢也不退。

不論如何，消費者都有權利把自己的案件免費提交給金融公評人（Financial Ombudsman），這是一個獨立的機構，對消費者糾紛有最終裁決權。寫這本書的時候，提交給金融公評人的案件有四分之三被裁定為有利於客戶，而銀行必須退款給受害者，在我看來，這代表銀行系統並沒有在為消費者服務。

你可能會覺得：「我才不會被騙！」但每年被騙的人數都在上升，而詐騙集團用的手段也越來越高明。

詐騙防範措施得要更加完善，且金融機構跟客戶之間的溝通要更暢通。例如，如果像珍妮一樣接到一通電話，你知道你可以直接掛斷，然後撥打159（台灣則有內政部反詐騙諮詢專線，號碼為165），迅速接通銀行實際的反詐騙部門嗎？英國大多數的銀行都有和這個緊急號碼合作，不過卻很少人知道。

線上詐騙越來越多，不過很少有受害者願意說出來。根據估計，還有很大一部分的詐騙案沒有被通報。我們因為自己被騙而感到羞愧和愚蠢，比起警告他人不要犯同樣的錯，我們更傾向於責備自己。不過這樣對任何人都沒有幫助，最大的受益者還是詐騙集團！

保持好奇心，如何保護自己

最近的一項研究發現，「人太好」更有可能被騙，這聽起來很可憐，但卻是事實！如果擔心某通電話可能是詐騙，就忘掉你的禮貌吧，只要掛斷電話並撥打159，和你的銀行反詐騙部門確認情況。

Take Five to Stop Fraud這個網站列出了比較常見的詐騙手段。

不要把金融卡和手機放在一起。上網查一下夏洛特．摩根（Charlotte Morgan）的案例，這位BBC記者被詐騙集團盯上。他們偷走了夏洛特的手機，然後用Sim卡和金融卡盜走她的網路銀行帳號，我當初甚至沒意識到有這種風險。

可以考慮使用**線上密碼管理應用程式**來保管你的密碼，我用的是LastPass這款付費應用程式，我覺得這是一項很明智的投資。

保護你的社群媒體帳號，並開啟「雙重認證」以防止駭客的攻擊。沒錯，這可能有點麻煩，但想像一下如果朋友被冒充你的人給騙錢，你會有多自責。

如果你持有加密貨幣，可以使用**加密貨幣錢包**。Investopedia這個網站有一些很棒的免費文章，向你解釋背後的原因，以及一些加密貨幣錢包評測。

透過對各種財富捷徑保持好奇心，我希望下次遇到賺錢的機會時，你可以三思而後行，保護自己並遠離詐騙。

接下來，我們要重新評估投資，並把它作為一種長期的習慣，而非短期的賭博。當然，這件事不會跟想像中的一樣有趣，不過如果你想學習如何「慢慢致富」，就請繼續閱讀吧。

第七章
慢慢致富，你的未來基金

接下來兩個章節，我們會重新思考何謂投資。我已經告訴你用賭博的方式「快速致富」很有可能會讓你快速破產。那麼，風險較小的選擇是什麼呢？

慢慢致富。

確實，慢慢致富沒有那麼令人興奮，而且會花掉你很多時間。但這並不是你不愛它的理由。

慢慢致富的優點是什麼呢？

- 不需要很多錢就可以開始。

- 越年輕越好。
- 不需要大量的專業知識。
- 不需要花時間瘋狂檢查你的投資。只要利用自動化這個美妙的習慣，就連睡覺時也可以投資。
- 我將告訴你「量小而頻繁」的投資，是如何隨著時間的推移帶來巨大收益的。

然而，投資一定有風險，你確實需要想好再做決定，確定投資是適合你的。除此之外，你還要準備好冷凍這筆錢。

投資用的是「長期資金」，也就是幾十年內我們可能都不會花到的錢。開始之前，我們要確保自己有穩定的財務基礎，七大習慣中的第六個就是著重在這點之上，教你如何「打造自己的財務規劃」。

我將告訴你如何運用稅收減免，以及如何從老闆那裡得到「免費的錢」，沒錯，這是真的！再加上複利的「魔法」，這可以說是整本書中最重要的一課。

想知道更多嗎？好的，讓我們滑向慢車道，開始投資之旅吧……

習慣六：打造自己的財務規劃

我知道Yolo哥可能會想要立刻就開始投資，不過試算表奴隸會知道開始之前有些事情要先做。

你的首要任務是先把那些短期的，昂貴的債務給還清，像是超支費用還有信用卡費。如果因為債務，大手筆溫蒂每年都要付百分之二十或四十的利息，還清這筆債務省下來的錢，會遠比投資的收益還有存款利息來得多。

就算是「先買後付」或者零利率的卡債，也就是說你並沒有被收取利息，這點仍然適用。如果你不把這些債務還清，它們會不斷成長，最低還款金額會逐漸占據你的預算，再融資的成本也會變高。如果哪天你的收入受到影響，身上背負債務就會讓你難以負擔。

學生貸款跟其他債務不太一樣，我們不需要優先還完學貸，詳情請查看第九章。

第二個任務是存一些讓你能夠「睡得安穩」的錢，也就是緊急基金。我知道這聽起來很無聊，但這筆錢會讓你有財務韌性，在出現財務狀況時有能力重振旗鼓。同時，這筆錢也會大幅降低你的財務焦慮。歡呼吧！緊張兮兮仔！

一個經驗法則是，財務專家建議你存下三個月的生活費。坦白說，就算你只存了一個月的生活費，也比英國一千兩百九十萬完全沒有存款的人好多了[14]。如果有緊急狀況發生，這筆錢可以當作一個緩衝，讓你不要陷入債務的輪迴。就如同第四章講到的，要擺脫債務需要大量的時間跟金錢，而預防絕對勝於治療！

第三個任務是為了未來存錢並投資，根據以下的中期及長期事項分配你的資金：

未來一到五年的儲蓄計畫

記得我們在第五章談到的目標嗎？想想看你為什麼要設定目標，每個月存下一筆錢，渡假基金、育兒基金或是買房基金都是很好的例子。對於已經有房子的人來說，定期超額還款也是一個不錯的主意。更多細節請參考第五章。

充分利用你的公司退休金

不要以為退休金是給老人的，我在本章後面會講到，退休金其實是充滿「免費資金」的減稅天堂。這是一項被大家忽略的投資，每個月存入一小筆錢到公司的退休金裡是種簡單且自動的方式，能夠增加你的「未來基金」，而且它的成本比你想像中的還要低。退休金唯一的缺點就是，裡面的錢一定要五十五歲以後才能拿出來（從二〇二八年起改為五十七歲），不過相對的，你會得到很多好處和回報。

投資個人儲蓄帳戶

你可能有聽過純現金儲蓄帳戶（Cash ISAs），但在下一章節我們會講到如何利用股票投資帳戶，這是另外一種可以免稅的投資方法，不過比養老金更加靈活。

最後一點，就算一開始你能夠投資的錢很少，也不要擔心，建立起存一點錢的習慣才是最重要的。隨著時間的推移，再小的數字也會變大，加上財務狀況的改善，你也可以重新審視財務規劃，並適當地增加每個月的儲蓄金額。

我為什麼要投資

我已經介紹了「慢慢致富」的不同途徑，不過在討論具體怎麼做之前，我想先探討一下為什麼我們要投資。

人們會把錢存起來，是因為未來沒辦法再工作和賺錢的時候，還能夠過日子。長期儲蓄的問題在於，這筆錢的購買力會因為通貨膨脹而降低，也可以說是受到物價上漲的影響，如果你需要複習，可以回去看看第四十三頁。

- 假設在一九八〇年的時候，我把五十英鎊藏在床墊下。
- 多年來，通貨膨脹吞噬了這筆錢的購買力，到了二〇二三年，我需要一百九十一元才能買到在一九八〇年值五十元的東西。

這個例子告訴我們什麼？我們要為自己的錢承擔一點風險，才能跟上通貨膨脹的步伐。回推歷史的話，投資在股票市場是最好的方式。如果在一九八〇年把五十元投進美國股市，今天的價值就會超過五百元，而且是實際價值，代表已經考慮過通貨膨脹的影響了[15]。過去四十年非常適合投資，然而，沒有人可以保證股市在接下來四十年還是會有一樣大的漲幅。如果你現在的想法是：「天阿，什麼是股票市場？」冷靜一下，我在下一章會詳細解釋股市的運作方式。

隨著生活費不斷上漲，打敗通膨對投資人也是越來越不容易。然而長期來說，股票市場仍然是資產成長的最佳機會。短期來看的話價格可能會下跌，不過如果時間長達十年或者更久，研究顯示股票市場幾乎一直都在上漲。

達米安・費伊（Damien Fahy）成立了Money to the Masses這個金融教育網站，他說：「如果是剛開始投資，這些價格的起伏可能會讓你很不舒服，有點像在大風大浪時暈船的感覺。解決的方法就是，把目光放遠，你馬上就會意識到價格起伏是投資之旅中很自然的一個部分，而風暴遲早都會過去的。」

選擇不要投資聽起來好像是一張安全牌，但通貨膨脹吞噬購買力的風險更大。身為一個自認是哥布林的人，慘痛的經驗讓我學到了這個教訓，我把錢存在儲蓄帳戶，卻沒有真正去思考這筆錢要拿來做什麼。這就是為什麼財務規劃非常重要，知道自己今天需要多少錢，可以幫助我們接受為了明天而投資的風險。

如果你曾經有不愉快的交易經驗，或者是在封城的時候虧了很多錢，你可能會高度懷疑股票市場的可靠程度。不過一旦你有了緊急基金，以下是我為投資人制定的六條「黃金法則」，可以降低你重摔一跤的風險！

1. 把投資**分散**到各種不同的公司和資產上，而不是冒著風險只買少數幾支股票，像是特斯拉，蘋果和遊戲驛站。

2. 用**長期投資**的心態度過高點和低點，而不是試著透過買入和賣出獲利。有無數研究表明，「留在市場的時間」比「揣測市場的時機」還重要。可能有幾筆交易你運氣好可以賺錢，不過沒有人可以每次都做對，就連專業的基金經理也是。不斷地進出交易會讓你付出時間和金錢的代價！

3. **長期堅持投資**，就算每個月只能丟一點點錢進去，這也會為你的錢帶來更多動力。

4. **盡可能地省下投資稅**。我會告訴你怎麼在開始投資的時候，投資成長的時候，以及最後要獲益了結時的節稅方式。

5. **充分利用老闆願意加到退休金裡的「免費資金」**，這是隨著時間推移提高收入最簡單的方法。

6. 把**投資的各種收費**最小化。

講到現在，我希望你可以看到「慢慢致富」的投資策略和上一章的「賭博投機」有什麼不同。不過即使如此，在各種日常開銷下，把錢冷凍幾十年還是很有挑戰性的。

愛奧那·貝恩（Iona Bain）成立了Young Money這個部落格，同時也是一名電視理財專家，她說：「人們覺得存錢投資是一種犧牲，但其實這是確保你未來有錢可以花。消費主義的文化鼓勵我們花錢讓自己開心並享受當下。我們需要重新審視這一點，投資讓你的資金增長，給未來更多的選擇。」

我喜歡把自己的長期投資想成是「未來基金」。你可能會覺得無法想像六七十歲的自己是什麼樣子，但越早踏上「慢慢致富」這條路，你就會有越多時間累積這筆基金，留給未來不再工作的自己，無論是不能再工作了，或者是不想再工作了。我會說要早點開始的原因就是複利，聽起來很無聊，不過你馬上就會知道，複利完全不無聊！

複利——「慢慢致富」的關鍵

複利就像是一瓶魔法藥水，可以讓你的財富隨著時間成長。

在第四章，我們探討了使用信用卡借錢被收取利息時，複利帶來的各種不利因素，現在是時候看看要怎麼讓複利為我們所用了。

為了了解背後的原理，讓我們先從現金儲蓄開始，這是一個大家都很熟悉的概念。

假設你把一百塊存入儲蓄帳戶，每年有百分之三的利息。一年之後，你的帳號會有一百〇三元，也就是原本的一百元再加上三元的利息。隨著存款成長，你不只是在賺取原本那一百元的利息，**同時也在賺取利息所帶來的利息**。

一個比較簡單的思考方式是，想像一顆小小的雪球正從山頂上滾下來，這一路上，雪球會越滾越大，等它滾到山腳下時，已經大到足夠消滅一隻山羊了！

用數字來說明的話，以下會是你那一百元的成長狀況：

一年後——一百〇三英鎊（你已經賺了三英鎊的利息）

兩年後——一百〇六點〇九英鎊（你又賺了三點〇九英鎊的利息）

三年後——一百〇九點二七英鎊（你又賺了三點一八英鎊的利息）

你的利息正在用緩慢但是穩定的方式成長，而且都是來自那最初的一百元。

看起來可能不多，但隨著時間的推移，這筆錢會用複利的方式慢慢累積。**十五年後**，你的一百元會變成一百五十五點八元。**但四十年後**，這筆錢會變成三百二十六點二元，已經是原本一百元的三倍之多！

非常驚人，不過還是不夠多，這樣的速度沒辦法跟上通貨膨脹及物價上漲的步伐。

經過了十五年的底部反彈，到了二〇二二年，現金儲蓄的利率已經開始上升，不過仍然低於通貨膨脹率，不過就算如此，從你的儲蓄中得到百分之三的利息也是聊勝於無。然而，令人難以置信的是，有兩千六百億英鎊的現金儲蓄就放在一般帳戶裡，連一塊錢的利息也沒有。要轉移你的錢真的非常簡單，所以開始尋找最划算的儲蓄帳戶吧。Moneyfacts.co.uk和Money Saving Expert這兩個網站都有把划算的活動給列出來。

接下來，讓我們把複利的觀念套用在投資上。

當我們把錢投入股票市場，這筆資產會有兩種成長方式。首先，資本增值（capital growth），也就是當初買入的價格和期望賣出價格之間的價差。第二，投資所帶來股息。不是全部，但有些公司會分發股息給投資人，這些股息來自公司的盈利，感覺有點像是從存款中領到利息。你可以花掉這些股息，或者再把這筆錢拿去投資，用投資賺來的錢再去買更多的股份，讓雪球越滾越快！

投資人把這種增長稱為「完全回報」（total return）。

在某幾年，股市的整體表現可能會下降，但隨著時間的推移，歷史的曲線幾乎都是上升的。此外，投資人領到的股息也可以幫助我們度過顛簸的時期。看看股市過去的表現，再把今天比較有挑戰的情況給考慮進去，讓我們假設股市投資的長期年增長率是百分之七。

所以，一樣從一百元開始……

投資**十五年後**，可能會價值兩百七十五元。

投資**四十年後**，你會有一顆比山羊還大，價值一千五百元的雪球。當然，如果把四十年的通貨膨脹考慮在內，這筆錢的購買力還是會減少。不過投資這筆錢的成長率基本上一定會超過現金儲蓄的表現，更重要的是，我們並沒有在最初的一百元之上增加任何東西。

然而，在雪球滾下山的路上，大多數人是有能力持續丟入小筆資金的。這樣會有什麼不同嗎？簡短的回答就是「超大的不同」。一樣，我們假設這筆投資在一段時間內的年增長率是百分之七。

假設我每個月投入一百元，所以一年就是一千兩百元。

十五年後，我的投資價值可能已經超過**三萬一千元**。

四十年後，我的投資價值可能已經來到了驚人的**二十五萬**。

我總共投入了四萬八千元。然而，四十年後，這可能會產生超過二十萬的複利回報，這基本上就像一筆雪崩式的現金！

正如你所看到的，投資人最強大的武器就是時間。

達米安非常喜歡「七十規則」（Rule of 70），這是一個更容易理解複利的方式。

他說：「你可以用七十除以年化報酬率來計算自己的錢要多久才能翻倍。所以百分之七的年化報酬率，代表你的資產在十年內就會翻倍。」

當然，最大的未知數就是未來股市的成長。我上面百分之七的假設是來自許多金融組織目前預期的年增長率，以及巴克萊（Barclays）的《股票債券投資研究報告》（Equity Gilt Study），這是對股票市場表現最長期的研究之一。

不過就算未來的成長率平均是百分之五，你的錢也會在十四年內翻倍，最終擁有十五萬的資金。

這就是為什麼要從年輕時就開始為未來投資。儘管你只能投入少量的資金，但就像滾雪球一樣，這些錢會在幾十年內用複利的方式增長，也就是我所說的「慢慢致富」。

工作生涯剛開始的時候，你站在山頂上。你有能力投資的每一顆小雪球都有很長的時間可以滾下山坡，有可能是四十年，或者五十年，直到抵達山腳下，住進你的退休小木屋。

但是，假設你在四十歲的時候才開始投資，或者在半山腰才開始。為了在山腳下得到同樣大小的雪球，你必須投入更多更多的錢才能做到，因為這筆錢沒有那麼多時間可以成長了。

你的稅率有多「辣」？

加速資產成長的黃金法則之一，就是最小化你的納稅額。

投資人需要知道稅務的運作方式，這樣才可以避免多繳那些不必要的稅，我想補充的是，這完全合法！少繳一點稅是政府刺激人民為自己的「未來基金」多存一點錢的方式。瞭解這一點非常重要，可以幫助你好好利用英國投資人兩個最重要的減稅措施，也就是退休金和股票投資帳戶（ISAs），我等等會再詳細說明。

你喜歡霹靂霹靂烤雞（peri-peri chicken）嗎？這是拿來理解所得稅系統一個很好的方式，而且全部都是多虧了錢罐先生（Mr MoneyJar），也就是蒂米・梅里曼・強森（Timi Merriman-Johnson），是他給了我這個靈感。

想像你在自己最喜歡的一家霹靂霹靂烤雞餐廳，想想菜單上用來標示辣度的彩色辣椒圖案，我會用那個來解釋所得稅率是如何根據你的收入而改變的。

隨著等級的提高，霹靂霹靂烤雞也會越來越辣。而你的所得稅率也會跟著年收入而增加！

檸檬香草稅率＝£1－12,570

你收入的前一萬兩千五百七十元是完全不用繳稅的，很好很溫和！在稅務的術語中，檸檬香草的這個稅務階級，叫做個人收入免稅額（personal allowance）。

中辣稅率＝£12,571－50,270

檸檬香草的稅務階級是免稅的，但接下來的收入就要繳百分之二十的所得稅，也就是基本稅率。換個角度想，在這個階級，你每賺一英鎊就要繳二十便士給國稅局。

大辣稅率＝£50,271－125,140

當你的收入來到下一個稅務階級，稅率就會變成百分之四十。這就是所謂的高稅率。你可能已經猜到了，在這個階級中，每賺一英鎊就要繳四十便士給國稅局。記住，大辣稅率不是套用在你所有的收入上，百分之四十的稅率只適用於超過五萬兩百七十一元的部分，很多人會誤以為全部的收入都要繳百分之四十的稅。

特辣稅率＝£125,140＋

從二〇二三年四月開始，只要收入超過十二萬五千一百四十英鎊，就會用百分之四十五的特辣稅率徵稅，也就是所謂的額外稅率，相當於每賺一英鎊就要繳出四十五便士。太辣了！不過就跟上一個稅務階級一樣，只有超過十二萬五千一百四十英鎊的部分會被徵收特辣稅率。

還要小心兩個重要的特殊口味：

魔鬼辣稅率＝£100,000–£125,140

當你的收入超過六位數，會發生一件很掃興的事情。記得檸檬香草稅率嗎？幾年前政治人物們做了一個決定，收入超過十萬英鎊的人，會開始慢慢失去那美味的一萬兩千五百七十元個人收入免稅額。

十萬元以上的每兩元收入，就會失去一元的檸檬香草「個人收入免稅額」。這就相當於你為這部分的收入支付百分之六十的稅，每一英鎊要付六十便士。當你的收入超過十二點五萬英鎊時，就不再有任何的檸檬香草稅率了，而你的稅率又降回每英鎊四十五便士。

然而，我從薪水六位數的人那邊得知一個小道消息。如果你存入更多錢到退休金，是有可能可以避開魔鬼辣稅率的，不過這部分我等等再說。

蘇格蘭圓帽辣椒稅率（THE SCOTCH BONNET）

如果你住在蘇格蘭，稅率會有點不太一樣。在蘇格蘭，收入較低的人稅率稍微還要再低一點，而收入較高的人，稅率會稍微再高一點。Scotfact.com這個網站有稅務計算機，可以幫助你了解具體的差別[16]。

閱讀這個章節時，把你所得稅的辣度記在心裡。

什麼是隱形稅（stealth tax）？

霹靂霹靂烤雞的不同稅務階級，稱之為「稅收門檻」（tax thresholds），讓你知道自己的收入跨越哪一個點時會被徵收更昂貴的稅率！

問題是，高通膨率代表每個人的生活都會越來越辛辣。

為什麼呢？隨著生活費的上漲，我們纏著自己的老闆要求加薪。在你這麼做之前，確保你已經把第九章所有的小訣竅都讀完了。

即使我們的收入增加了，但這些稅收門檻從二〇二一年四月以來就一直被保持在同樣的水準，而且在未來的幾年內也不會有什麼改變，這代表越來越多人被「拉」進更高的稅務階級裡，需要繳納更多的稅。

所以，物價上漲，薪水上漲，但稅收卻占了我們收入中更大的一部分！

到了二〇二六年年底，預計有超過一百萬名檸檬香草納稅人（收入低於一萬兩千五百七十英鎊，且不用繳稅的人）會得到加薪，讓他們超過門檻成為中辣納稅人。在這個稅務階級，每賺一英鎊都會被徵收二十便士。

同樣，一百六十萬的中辣納稅人（收入低於五萬兩百七十英鎊）會得到加薪，讓他們成為大辣納稅人。在這個稅務階級，每賺一英鎊都會被徵收四十便士。不過重要的是，不是所有收入都要繳納百分之四十的稅。你還是能夠賺到更多錢，但額外的稅收會減少工資上漲的幅度。

然而，凍結的門檻也代表有更多父母會失去兒童津貼的福利。如果你有兩個小孩，每年的損失可以高達一千八百八十五英鎊。只要父母其中一方的收入超過五萬英鎊，兒童津貼就會開始減少，每一百英鎊減少百分之一，當收入超過六萬時就完全沒有兒童津貼了。因此，如果你的收入是五萬一千英鎊，就會失去百分之十的兒童津貼，相當於每一英鎊被徵收五十五便士的稅！請繼續閱讀，我會提供可能的解決方法。

這些兒童津貼的門檻從二〇一三年開始就一直是這樣，從來沒有跟著通膨一起增加。如果政府有把通膨考慮進去的話，家長們的收入要超過七萬五千才會喪失兒童津貼的福利！隨著育兒費用的飆升，越來越多的父母正在喪失這些權益。

政府官員可以吹噓自己沒有增加稅收。然而，越來越多人的工資到達那些更高的稅務階級，他們每年可以多賺幾十億英鎊，所以這是一種「隱形稅」。

請繼續閱讀一些一樣隱蔽的政府措施，以確保在長期投資中盡可能地少繳一點稅！

什麼是國民保險（National Insurance）？

從本質上來說，這是另一種形式的稅，只不過目的不同。國民保險主要是為了提供國家退休金（State Pension）的資金來源，詳情請見下頁。目前的門檻和個人所得稅相同，以下是具體的繳費標準：

- **檸檬香草**＝你不用為自己的收入付任何的國民保險費用
- **中辣**＝你需要繳納百分之十二的國民保險費
- **大辣及以上**＝你需要繳納百分之二的國民保險費

國民保險（簡稱ＮＩ）是建立在個人所得稅之上的：

臺灣111年度所得稅累進稅率：

級距	綜合所得淨額	乘法	稅率	減法	累進差額	等於	全年應納稅額
1	0~560,000	×	5%	－	0	＝	
2	560,001~1,260,000	×	12%	－	39,200	＝	
3	1,260,001~2,520,000	×	20%	－	140,000	＝	
4	2,520,001~4,720,000	×	30%	－	392,000	＝	
5	4,720,001以上	×	40%	－	864,000	＝	

資料來源：財政部臺北國稅局。

- 檸檬香草納稅人不用付任何稅或者國民保險費
- 中辣納稅人每一英鎊要支付三十二便士（百分之二十的所得稅加上百分之十二的國民保險費）
- 大辣納稅人一英鎊要支付四十二便士（百分之四十的所得稅加上百分之二的國民保險費）
- 特辣納稅人一英鎊要支付四十七便士（百分之四五的所得稅加上百分之二的國民保險費）

難怪人們會感覺稅務占據收入的部分越來越大！正如我接下來要告訴你的，聰明的投資，可以減少我們支付的稅收以及國民保險費。

最後，關於國家退休金的一個小訣竅。當我們到達國家退休年齡時（目前是六十七歲，而且不斷上升中），就會有權利領取國家退休金。不過你能得到多少錢取決於你繳納了多少年的國民保險。可以使用政府 Check Your State Pension 這個線上服務查看自己目前的繳納狀況[17]。

你需要繳納三十五年的國民保險才能拿到全額，目前差不多是每年約一萬英鎊。你覺得每年一萬英鎊夠你生活嗎？這就是為什麼我們需要把錢投入其他不同的退休金，請繼續往下閱讀吧。

為什麼退休金是「免費的錢」

退休金是「慢慢致富」這條路上非常重要的一部分，不過它的形象很不討喜。講到退休金，我們就會想到退休人士。沒有人想要變老！不過我退休金的所有文件都有一個神采飛揚的灰髮女士在畫著水彩畫。這種老派的「退休」概念讓每個人都感覺遙不可及，再加上，退休金的世界充滿了各種專業術語，讓人們更難以發現它的美妙之處。

現在，有很多地方都需要我們投入現金，如果我們不了解它的好，就會認為退休金的事情可以晚點再處理。不過，就如同我接下來要向你展示的，想要讓你的資產隨著時間成長，退休金是最簡單也最有價值的方式之一。

多年來，我一直試著把退休金的形象重新打造成「免費的錢」。

免費的錢！誰不想要呢？

我想這會勾起你的興趣，所以實際上是怎麼運作的呢？

首先，許多相同的基本原則都適用於退休金儲蓄，不過你需要知道幾個不同種的退休金。

本章適用於最常見的公司退休金，也就是確定提撥制（Defined Contribution），簡稱DC，你可能會在薪資條上看到這兩個字。你用每個月的工資條繳費，然後這筆錢會以你的名義被拿去投資，這筆投資的價值可能會下跌或上漲，沒有所謂的穩賺不賠。當你退休時，你要決定用什麼樣的方式領取這筆錢。

在公家機關工作的人往往採用確定給付制（Defined Benefit），像是國民保健署工作人員、公務員、老師等等。這筆退休金通常會金額會更大，退休時也會給你一個有保障的收入。

自雇人士則需要安排自己的退休金計畫，我會在下個章節說明如何設定自我投資個人退休基金（Self-invested Personal pension, SIPP）。

在讀完我初步的介紹之後，也可以去政府Money Helper的網站上了解更多資訊。

退休金有兩種「免費的錢」，一種是從你受雇的公司那裡得到的免費資金，以及你從政府那邊得到的免費資金。當你的「雪球」從山上滾下來時，兩者都會讓這顆雪球越滾越大。

我們會從第一種免費資金開始講起，這筆錢通常被稱為「雇主提撥」（employer contribution），聽起來沒有那麼誘人。如果你往公司的退休金計畫裡存入一些錢，你的雇主也必須存入一點錢。

- 你支付的是每個月工資的一小部分（通常約為百分之四）
- 雇主支付的是在你月薪之外的錢，所以我稱之為「免費的錢」

英國的雇主最少需要提供基於你薪水百分之三的「免費的錢」，然而，有許多雇主更加慷慨。

一般情況下，如果你選擇多付一點錢到退休金計畫，你的雇主也會多付一點。這份多出來的「免費的錢」通常被稱為「相對提撥」（matched contribution），聽起來很無聊，所以你懂為什麼我會說退休金領域的行話很討厭了。

舉個例子，如果你選擇把薪資的百分之六存入公司退休金，你的雇主可能會在這之上多付百分之六，這是很多「免費的錢」！但是除非你主動要求，否則你不會得到這個福利。

在每個人都想加薪的時候，「最大化」退休金儲蓄可能是從老闆那裡擠出更多錢最快也最容易的方法了。

每間公司的狀況都不太一樣，不過很少有人真正了解到底自己的公司有提供什麼。把弄清楚這件事情當作你的任務吧！這也是一個很好的求職面試問題，具體細節通常會在雇傭合約中列出，你的公司也可能有一個內部的網站有提供相關資訊，或者你可以聯絡人力資源部門向他們尋求幫助，只要複製以下這段方便的措辭即可：

我想要了解公司的員工退休金計畫。請問在哪裡可以找到這些相關資訊，包括公司提供的相對提撥額度等等？

如果你的老闆只願意提供最低限度的雇主提撥，可以看看競爭對手的公司提供什麼樣的條件。

雖然有點難以達到，不過在免稅的狀況下，你每年最多可以存四萬英鎊到退休金裡，這四萬元是你自己付的錢再加上雇主付的錢。然後我必須再說一遍，一旦把錢存入退休金，你就至少要等到五十五歲才能拿出來。

你現在可能在想：「我想多付一點，但我不確定自己是不是能夠負擔得起。」好消息是，這可能比你想像中的還要便宜。

為什麼稅收減免是「免費的錢」

退休金的另一個優點，就是你存進去的錢不需要繳稅，可以把它想像成一個免稅天堂。為什麼呢？這是政府鼓勵人民為退休生活儲蓄的措施。他們不希望人民到了六十七歲停止工作之後，沒有錢養活自己，必須仰賴政府來照顧他們。所以，如果你把薪水的一部分存入退休金，而不是花掉它，政府也會提供你一些「免費的錢」。

這筆免費資金的官方名稱是「稅收減免」（Tax Relief），現在你應該看得出來金融圈真的很不會幫退休金打廣告了吧！

所以這實際上是怎麼運作的呢？

你需要為自己的收入繳納所得稅。越高的稅務階級就要繳越多的稅，有可能每一英鎊要繳二十便士、四十便士、四十五便士甚至是六十便士。不過如果把錢投入退休金，就會是完整的一英鎊，完全不用繳稅。這就是我所謂的稅收減免。

如果你的公司在退休金提撥上有提供「工資犧牲」（Salary Sacrifice），就可以省下更多稅金，因為你也可以不用繳納國民保險費。根據你所在的稅務階級，個人所得稅加上國民保險費可能會占據百分之三十二、四十二、四十七或者六十二。不過如果你把錢存入退休金，就不會被抽成！

這就是為什麼把更多的錢存入退休金可能比你想像中的還要便宜。

想要查看真的這樣做之後，實際上會幫你省下多少錢的話也非常簡單，可以在Money Helper這個政府網站上找到免費的計算工具：Workplace Pensions Calculator。

工資犧牲是如何運作的

員工選擇每個月「犧牲」一部分的薪水，並投入公司的退休金計畫，作為回報，他們就不需要付個人所得稅或者國民保險費，而他們的雇主也可以省下付國民保險費。很多公司會把這筆錢當作相對提撥的費用，這就是我前面提到額外的「免費的錢」。

如果你賺了十萬英鎊，但「犧牲」了其中的百分之二十並存入公司退休金，你檔案上的薪水可能會變成八萬。如果你想要貸款借錢的話，這可能會有所影響，但如果你即將踏入一個更辣的稅務階級，這一點可能可以為你所用。

魔鬼辣納稅人是那些年收入介於十萬到十二萬五的幸運兒，如果他們決定「犧牲」自己收入超過十萬的部分，並存入公司退休金計畫，稅務減免的結果就是每一英鎊只需要繳少少的三十八便士。

父母們也可以利用工資犧牲讓他們的收入不超過五萬英鎊，因為一旦超過五萬，育兒津貼就會開始逐漸減少。不是每個人都可以用這樣的方式來減稅，不過大家都可以試著用Money Helper上的養老金計算機模擬一下。

工資犧牲不僅僅適用於退休金，也包含其他的員工福利，像是腳踏車上班計畫（Cycle to Work schemes），還有越來越常見的購買電動車省稅政策等等。諮詢一下人資部門，看看你的公司有提供什麼樣的福利吧。

第三種「免費的錢」

讓我們快速複習一下把錢存入公司退休金的好處：

- 你的老闆也會存入相對提撥＝免費的錢
- 存入的錢都不用繳稅＝免費的錢

一旦你的錢進入了退休金，這筆錢就會被拿去長期投資。但是請等一下，還有一個好處我還沒跟你說！

直到提取之前，就算你的退休金增值，你也不需要為其繳納任何稅金。想想看之前滾下山的雪球，這筆錢會用複利的方式不斷疊加，持續長達四十年或更久，所以免稅的成長是很大的一項加成。

如果你的退休金最後價值超過一百萬，你會需要付一些稅。不過用金融的術語來說，這是「一個值得慶幸的問題」。

我要再提醒你一次，想要得到所有這些「免費的錢」，你必須把這筆資金鎖起來。一直到五十五歲之前，你都沒辦法挪用這筆退休金。有些人會拿棉花糖測試（Marshmallow Test）來當作例子。

有一群孩子，每個人都有一顆棉花糖。他們可以選擇馬上吃掉，或者等到隔天。而選擇等到隔天的孩子，也就是願意晚點再享受的小孩，他們會再得到一顆額外的棉花糖。

你可以看出把錢鎖進退休金背後的原理了嗎？

當你退休並開始領取退休金時，你會需要繳一點稅，就好像現在為自己的收入繳稅一樣。不過因為有額外的這顆「棉花糖」，四分之一的儲蓄是免稅的，所以說有整整百分之二十五的儲蓄都不用繳稅（超讚）。

為什麼退休金是最簡單的投資方式

如果你的年紀是二十二歲或者以上，正在為英國的公司工作且年收入超過一萬英鎊，你有很大的機率**已經在支付退休金了**，儘管很多人可能都沒有意識到這一點。

二〇一二年，政府開始要求所有雇主把員工納入退休金計畫，這也包括了短期員工和派遣人員。

多年來，這個政策已經「促使」超過一千萬人**自動加入**退休金儲蓄計畫，儘管你想要的話也可以選擇退出。

當你把錢存入公司的退休金計畫，也不用去思考如何投資這筆錢，因為這都些都已經自動決定好了。你的雇主會選擇一個退休金供應商，有些耳熟能詳的名字像是英傑華集團

（Aviva）、國家就業儲蓄信託（Nest）、蘇格蘭遺孀基金（Scottish Widoes）還有英國法通保險公司（Legal & General）。他們每年會寄出一份報表，裡面可能有看起來很開心的白髮長輩，以及你退休金現在的價值，還有具體的投資項目。

除非你特別要求，否則你的錢會自動被拿去投資供應商的「預設基金」（**default fund**），這是一種包含股票和債券的投資，因為風險不算太高，但也不會特別無聊，所以適合絕大多數的人。請記住，你需要承擔一些風險，才能讓資金成長，越年輕的時候，這筆錢投入股票的部分就會占越多。

你可以就把這筆退休金這樣放著，不過我都會建議大家去看一看，具體上投資了什麼內容。退休金網站正在慢慢地精進，上面的內容也越來越清楚。從年輕時就開始是準備退休最好的方法，千萬不要等到五十七歲才開始做！

如果你是更有信心的投資人，就可以決定要把這筆退休金投資在哪裡。「預設基金」是最受歡迎的選項，但並不是唯一的選項。你也可以選擇其他的基金，比方說，現在有更多的退休金供應商會提供與化石燃料無關的綠色基金，或者把投資範圍擴展到世界各地不同的股票市場。然而，投資這些特別項目的年費往往會略高一點。

法律規定，退休金供應商和公司的人資部門**不能提供任何關於投資的建議**，你必須有足夠的信心自己做決定，要不然就是得花錢請一個財務顧問。

我的「未來基金」要存到多少錢？

下面這個簡易的表格來自英國富達（Fidelity），這是一個用於計算人們的「未來基金」應該要存夠多少錢的經驗法則，最終目的是退休後也可以維持類似的生活水準。

這些倍數適用於你在特定年齡所賺取的工資。因此，如果你三十歲的年收入是三萬英鎊，在理想的情況下，你應該已經有三萬英鎊專門拿來投資以及退休後使用。就算來自退休金的「免費的錢」可以大幅提升你的資產價值，我知道這筆數字還是非常大，可能對許多讀者來說都感覺難以實現。

不要被這張表給嚇到。記住這個道理：你在年輕時投資的任何東西，就算只是少少的錢，都有很長的時間可以成長，而且是以複利的方式。

你也有注意到我使用了「未來基金」這個詞，而不是「退休基金」。我認為真正需要「退休」的是我們祖父母傳承下來的退休觀念，對現在的上班

年紀	30	40	50	60	67
儲蓄目標……	年薪的一倍	年薪的三倍	年薪的六倍	年薪的八倍	年薪的十倍

資料來源：英國富達[18]

族來說，退休金比過去還要少很多，而年輕的一代一定要等到接近退休年齡時才會領悟這件事。

隨著預期壽命的增加，越來越多人計畫在六七十歲的時候做兼職工作，而不是完全退休，另外，我們也要在為未來儲蓄和充分利用每一天的生活之間取得平衡。就算你不能達到上述建議的儲蓄目標，為了自己的未來預留一點錢也會比什麼都沒有好。

舊公司的退休金會怎麼樣？

大多數人一輩子可能會做過八到十個不同的工作，這代表你最後可能會有一長串來自舊公司的退休金。

好消息是，當你離開一間公司，你的錢還是會留在他們的退休金計畫裡。你不能再放入更多的錢，但就把那筆錢放在那裡也是完全沒問題的。

不太好的消息是，只要你搬家，就要通知不同的退休金供應商，告訴他們你的新地址。實際上，有很多人弄丟了自己舊公司的退休金，根據估計，兩百八十萬份總價值共兩億六千萬的退休金是「失蹤」的。

如果你讀到這邊的時候才想起來：「天哪，我好像已經搞丟一些退休金了。」不要擔心，有兩個免費的政府網站可以幫你找到它們。

Money Helper的網站上有個很好用的功能，叫做「尋找我丟失的退休金」。在這裡你可以下載一個信件模板，寄給你的舊退休金供應商或者是前雇主。這封信的內容也會讓你知道如果把退休金轉移到其他地方，你是否會喪失任何權益。

翻閱一下之前的文件，找到前雇主或者舊退休金供應商的名字，或者是聯絡你的前同事。然後，你可以在Gov.uk這個網站上使用退休金追蹤服務[19]，這個功能會列出你需要的電話號碼和地址，以便將你的信寄給他們。

有些人找回了自己舊的退休金之後，認為把它們全部合併到一個地方會更容易管理。知道自己已經存下了多少錢會讓計畫退休更加容易，也可以檢查自己的進度。

把舊的退休金轉移到現在公司的退休金中是有可能的。我之前有做過這件事，花了好幾個月的時間，不過這樣的好處在於我可以在一個地方看到所有的退休金儲蓄狀況。

除此之外，有越來越多的退休金手機應用程式，能夠幫助你追蹤退休金並把它們合併在一個地方。幾個比較有名的像是PensionBee、Wealthify還有Penfold，他們提供方便的服務、新奇的功能還有不同的投資選擇，不過相對的，收費也可能比公司的退休金供應商還要高。

人們常常犯的一個錯誤就是選擇付錢給退休金的手機應用程式，並退出自己公司的退休金計畫。請注意，這樣做的話就沒辦法得到雇主提撥那筆「免費的錢」。

最後，你需要為每一份退休金填好「退休金遺囑」，說明如果你意外去世的話，誰能夠得到裡面的錢。如果你和另一半同居但是沒有結婚，這點就更重要了，因為你去世之後這筆錢並不會自動轉給他們。遺囑如果有任何改變也要記得更新，否則你之前的另一半某天可能會收到一筆意外之財！

退休金還是買房基金？

很多正在存錢買第一間房的年輕人常常會問我這個問題，一般來說，買房比起退休感覺更迫在眉睫。

雖然可以選擇退出公司的退休金，不過你必須了解自己即將放棄的利益，也就是雇主提撥那筆「免費的錢」。停止支付退休金就會失去這筆錢，而這實際上就是在幫自己減薪。

其次，停止支付退休金可能沒辦法如你想像的那樣省下薪資，因為你還必須為了這些錢支付所得稅和國民保險。我之前提到在Money Helper上的退休金計算機會幫你計算薪資可能發生的變化。

我要坦白說，我並沒有加入第一間公司的退休金計畫，因為當時我正在為自己的第一間房子存錢。然而，如果我當時知道自己錯過了多少免費的錢，我就會在儲蓄和買房基金之間找到一個更好的平衡點。現在，為了彌補之前錯過的那些，我每個月都投入更多的錢到公司的退休金。

大多數人在二十一歲的時候開始第一份工作，不過大多數的首購族都已經三十幾歲了，這段退休金空窗期是很漫長的。想想之前雪球的例子，「站在山頂」時的投資，在未來會得到很大的回報。

WEALTH at Work的一項研究發現，一個二十幾歲的人，如果每年多存下年薪的百分之一，再加上雇主的相對提撥，那麼他們退休後的退休金總額就可以增加百分之二十五[20]。

最後，要注意的是如果你停止繳納退休金，受影響的不僅僅是退休後能夠拿到的那筆錢。正常情況下，加入公司退休金計畫可以享有人壽保險的福利，如果你意外早逝，你的配偶或者年幼的孩子都會有一定的保障。

隨著生活開銷的上升，越來越多人難以負擔退休金儲蓄。如果一定要先暫停支付退休金你才能避免陷入債務或者支付生活費，那麼顯然這是比較好的選擇。

如果你還是能夠挪出一點錢來支付退休金，小小的雪球滾下山總比什麼都沒有好。不過一旦有能力負擔更多的退休金，我就會建議你提高繳納金額。

我們在這個章節中涵蓋了許多內容，但現在你應該對自己的長期財務規劃更有想法，有更多的選擇，也更知道要如何把這些選擇結合在一起。

「慢慢致富」的想法和「快速致富」的賭博非常不同，不過如果你輸了錢請不要自責。投資是在實踐中學習的東西，每個人都會犯錯，最關鍵的地方是要從錯誤中吸取教訓，並繼續前進。

下個章節，我們要探討如何把股票投資帳戶加入你的長期財務規劃，這是一種比退休金稍微靈活一點的儲蓄方式，不過這也意味著你必須更了解股票市場。準備好要學習了嗎？讓我們開始吧！

台灣的退休金制度

項目	勞工退休金	勞保老年給付
法源依據	勞工退休金條例	勞工保險條例
適用對象	適用勞基法之勞工（含本國籍、外籍配偶、陸港澳配偶、永久居留之外籍人士）	符合勞工保險條例規定者
收支保管單位	勞保局	勞保局
請領條件及方式	年滿60歲時向勞保局請領個人專戶累積金額。	符合勞工保險條例請領老年給付條件時向勞保局請領。
給付方式	一次退休金或月退休金	1.老年年金給付 2.老年一次金給付 3.一次請領老年給付
給付標準	個人專戶累積本金及收益	1.老年年金給付： 本局依下列2種方式擇優發給。 （1）平均月投保薪資×年資×0.775%＋3,000元。 （2）平均月投保薪資×年資×1.55%。 ※「平均月投保薪資」按加保期間最高60個月之月投保薪資平均計算。 ※勞保老年年金可以提前請領「減給老年年金」，或是延後請領增給「展延老年年金」，不論是提前或延後請領，都是最多5年，並依提前（延後）1年減給（增給）4%的比例給付老年年金

項目	勞工退休金	勞保老年給付
		2. 老年一次金給付：保險年資合計每滿1年，按其平均月投保薪資發給1個月。逾60歲以後之保險年資，最多以5年計。 ※「平均月投保薪資」按加保期間最高60個月之月投保薪資平均計算。 3. 一次請領老年給付：保險年資合計每滿1年，按其平均月投保薪資發給1個月；保險年資合計超過15年者，超過部分，每滿1年發給2個月，最高以45個月為限。被保險人逾60歲繼續工作者，其逾60歲以後之保險年資，最多以5年計，合併60歲以前之一次請領老年給付，最高以50個月為限。 ※「平均月投保薪資」按退保之當月起前3年之月投保薪資平均計算。

資料來源：勞動部勞工保險局

第八章
慢慢致富，用個人儲蓄帳戶投資

在「慢慢致富」計畫的第二部分，我們要來看一下用股票投資帳戶投資的好處。上個章節，我們聊到了不少關於投資和長期規劃的東西。希望你能學到的事情是，就算是少少的錢，只要在很長一段時間內持續投資，也可以受益於複利，隨著時間的推移慢慢成長並超越通貨膨脹。

公司退休金是第一條路，你可以利用雇主提撥和稅收減免賺取「免費的錢」。但是，如果你有更多的閒錢準備拿來長期投資，那麼股票投資帳戶就是另一個珍貴的稅務天堂。

這條路提供你更多的投資選擇，也更有彈性，因為在個人儲蓄帳戶裡面的錢不用等到五十五歲才能拿出來使用。

然而，我知道很多緊張兮兮仔會對做決定感到不安！

不過就像退休金一樣，我會告訴你關於投資股票市場的「必要知識」，以及個人儲蓄帳戶能給你帶來的稅務優惠。

就像我們在這本書中談到的其他領域一樣，這個章節對「未來的你」可能會更有用。你現在或許還沒準備好要投資，這完全沒問題，這個章節會讓你在時機來臨前做好準備，你每個月只需要二十五英鎊甚至是更少的錢就可以開始。我們會講到簡單的入門方法，就算你對投資一無所知，或者完全不知道自己有什麼選擇也沒問題。

這就是投資理論，現在讓我們來看看要如何將其付諸實踐吧。

什麼是股票市場？

講到市場，你就會想到一群買家和賣家聚集在一起交易的地方，股票市場也是一樣，不過在這個市場，人們買賣的是股份（shares）。股份是大公司的小型所有權股份，有時候被稱為「股權」（equities）。

拿蘋果公司來舉例，我們買的不是蘋果，而是蘋果公司的股份！

當我們購買一家公司的股份時，其實就是在購買它未來的成長。公司用我們的錢來擴大自己的生意，如果一家公司能夠成功做到這一點，它的股票價格也會有所成長。

此外，投資人可能會得到股息，有點像是我們投資的錢帶來的利息。你可以花掉這些股息，但你也可以用這筆錢買更多的股份來進行再投資，只要在投資平台上設定一下，就可以讓這件事情自動化了。

每個國家都有自己的股市指數。比方說，在英國有富時100指數（Financial Times Stock Exchange 100 Index, FTSE 100），裡面包括了英國石油公司、國民西敏銀行（NatWest）和特易購（Tesco）。在美國，標普500指數（Standard & Poor's 500 index, S&P 500）包含了美國最大的五百家公司，包括蘋果、亞馬遜和Netflix等等。

你可以直接投資單一公司，但有經驗的人會知道這樣做的風險比較高，因為個股的價格變動很大，此外，要選擇哪一家公司以及買賣的時機不僅是一件專業的事，同時也非常耗時。然而，這完全不代表投資股票市場就不適合你了！

本章節接下來的部分，你會學到指數基金。這是一種便宜又簡單的方式，能夠購買特定指數裡面數百或數千家不同公司的一小部分股權，讓像你和我這樣的散戶可以分散風險。

別忘了，公司的退休金計畫可能會讓你受益於世界各地的股市。你的退休金供應商可以幫你選擇要把錢拿去做什麼樣的投資，所以成為一個投資人可能比你想像中的還要簡單很多。

投資部位的成長也將取決於你願意承擔多大的風險。投資股票市場有很大的潛在成長可能性，但路上也會非常顛簸，所以投資人需要學會處理情緒，並評估自己能夠承擔多少風險。

YOLO哥可能會很願意承擔大風險，不過緊張兮兮仔可能看到自己的資產價值下跌就想立刻把錢全部拿回來，哥布林則可能會很害怕失去自己辛苦存下的積蓄，然而，這筆錢如果放著不動，只會被通膨給吃掉。

你的投資可以融入一些不同的資產，這樣它們對於股市的波動就會有不同的反應，能夠降低投資風險（資產只是一個比較炫的名字，代表我們能夠投資的東西）。

債券是由公司或政府發行的一種貸款，公司發行的叫做公司債券，政府發行的在英國稱為金邊債券（Gilts），在美國稱為國庫券（Treasury）。債券的運作方法，就是投資人購買一筆需要在特定時間內償還的債務，並且在債務還清前會持續收到利息。債券的風險比股票低，但投資的回報也相對少了很多。

專業的投資基金會納入其他資產，包括像是石油、天然氣、金屬和小麥等原物料，還有房地產以及基礎建設的工程。

除了股權（股份）以外，把錢分散到一些低風險的資產可以降低賠錢的機率，但這也可能會降低你的投資成長率，這部分可以回顧一下第七章講到的內容。

雖然所有不同的資產同時下跌的機率不高，但不代表這是完全不可能的。二〇二二年九月，股票市場和英國國債同時下跌，部分原因是「迷你預算」（Mini Budget）這個新的財政計畫，不過這件事也讓我們知道，政府的官員還有政策都會影響到我們的未來！

想要了解資產隨著時間成長的狀況，你可以利用複利計算機，我最喜歡的是www.thecalculatorsite.com這個網站。你可以調整成長的百分比，也可以看到當你慢慢增加投資的金額時會帶來的改變。

試算表奴隸知道在投資方面，持之以恆的小習慣長期下來會帶讓你收穫頗豐。想要堅持你的計畫，記得我在第七章提到的六條黃金法則，並保持冷靜和理性。

用個人儲蓄帳戶投資——另一個稅務天堂

個人儲蓄帳戶（individual saving account）簡稱ＩＳＡ，ＩＳＡ不僅可以拿來存錢，投資人也非常喜歡它附帶的各種省稅好處。

不像退休金，你放進ＩＳＡ的錢都已經支付過所得稅和國民保險了，但是，一旦你的錢進入ＩＳＡ，這些錢就可以免稅成長，當你賣出投資或者提取現金時也不用繳任何的稅。

ＩＳＡ更加彈性，因為你可以在緊急狀況下取用這筆資金，不像退休金需要等到退休年齡，這筆錢你只要想用就可以取出來。然而，如果你在投資的話，還是需要從長遠的角度來考量。資產的價值會上上下下，你最好不要在價值下降時把錢全部取出，因為這樣等市場彈回高點時，你就沒辦法從中獲益了。

回顧上一章探討的「建立自己的財務計畫」，這就是為什麼在開始投資前要有一筆緊急基金，還有為什麼做長期投資時要學會處理自己的情緒。

股票投資帳戶（Stock and Shares ISA）

只要十八歲以上，就可以開通股票投資帳戶，每年最多可以存入兩萬英鎊（年度ＩＳＡ限額）。你可以把筆錢分散到多個ＩＳＡ帳戶，包括現金ＩＳＡ帳戶。

一旦資金進入股票投資帳戶，基本上這筆錢就可以拿來投資在任何東西上，我稍後會向你介紹有什麼選擇。當你收到股息時是不需要繳稅的，如果出售ＩＳＡ中的投資並從中獲利，也不需要繳稅。你可以把錢留在ＩＳＡ裡面並拿去投資其他東西，也可以把錢取出來，這樣做也不需要繳納任何稅金。

一九九〇年代股票投資帳戶剛出現時，有些人就開設了這種帳戶，儘管最高投資限額只有二十萬左右，但他們現在裡面的資產價值都超過了一百萬英鎊。這都要歸功於精明的投資選擇，還有長期的複利。

然而，許多人不了解ＩＳＡ省稅的威力，他們開始交易股票時，就開了一個所謂的普通投資帳戶（General Investment Account, GIA）。在ＧＩＡ帳戶中賺取的利潤都會被收稅，而在ＩＳＡ帳號裡面的錢是不需要付資本利得稅的。

終生儲蓄帳戶（Lifetime ISA, LISA）

如果你的年齡介於十八歲到三十九歲之間，每年可以存入最多四千英鎊到終生儲蓄帳戶，並從政府那邊獲得百分之二十五的額外獎金，每年價值高達一千英鎊。你可以把這筆錢拿來當作買房基金（詳情請見第一百三十頁），或者是拿去投資。

如果你選擇用終生儲蓄帳戶投資，狀況就會有點像是退休金，在六十歲生日之前你都不能把這筆錢拿出來用，否則就要付一筆很大的罰金。

一旦開通了終生儲蓄帳戶，每年最多可以存入四千英鎊，一直到五十歲，然後你存入的每一筆資金都會獲得百分之二十五的額外獎金。記住，一旦拿到這筆錢就要把它拿去投資，通常這會需要一個月的時間才能到帳。

幾個簡單的方法，讓你用個人儲蓄帳戶投資

用個人儲蓄帳戶投資最簡單的方法就是在線上投資平台開一個帳戶。你有非常多的選擇，從幾塊錢到幾百萬的投資，每個人都可以找到適合自己的方式！

我建議你參考網路上的一些指南，像是Money to the Masses和Boring Money這兩個網站，它們會定期審查市場上的所有選擇，也會密切關注收費的狀況。

大多數股票交易平台也會提供ＳＩＰＰ，也就是我在上一章節提到的自我投資個人退休基金，自雇人士拿來準備退休金的方式。ＳＩＰＰ雖然會讓你錯過雇主提撥，不過你仍然可以透過減稅得到「免費的錢」，而且投資的成長也會是免稅的。

對你來說，最好的選擇是取決於自己要投資的金額大小，以及你是否想要方便一點，有一個「現成的」解決方案，還是你有足夠的信心可以挑選自己的投資。

無論選擇哪一條路，你都會需要支付一筆費用。投資基金會收取年度管理費，通常是投資金額的一小部分，但這筆錢是會增加的！投資平台也會收取年費，不同的方式有不同的費用，而且它們的差別很大，不過這是投資人可以控制的一個成本。

達米安・費伊說：「投資的收費就像是對你的財富徵稅，減少能夠隨著時間而複利成長的資金。費用越高，阻力就越大，你就會離退休或者投資目標更加遙遠。」

不過，最大的障礙還是決定要把錢投資在什麼地方。大多數人都會坦率地承認自己在這些方面需要幫助，卻很少人能夠負擔得起財務顧問來幫助我們做這些決定。但是不要害怕，因為現在的科技提供了我們一個新的解決方案。

現成的投資組合

像是Nutmeg和Wealthify這樣的線上平台可以讓你為自己的股票投資戶口或者是SIPP選擇現成的投資組合。一般來說，你需要完成一個線上問券，說明自己想要的投資金額、投資時間以及願意承受的風險。根據你的答案，你會得到一些基金的選項，像是穩健型、平衡型、全球型甚至是冒險型。

這些基金會包含投資平台幫你挑選的「混合物」，把風險分散在股票、債券和其他資產上。你可以選擇單次投資，也可以設置成從銀行帳戶自動扣款，每個月定期投資。

愛奧那・貝恩說：「方便確實會讓你多花一點投資費用，但如果你不想要花太多時間思考要投資什麼，這完全是值得的。」

就和公司退休金的「預設基金」一樣，你不需要知道自己在投資什麼東西。然而，我還是強烈建議你自己試試看。如果有能力投資自己的未來，投入一點時間來了解自己的錢去了哪裡會對你助益良多。這種類型的自動投資是一個很好的入門方式，但隨著你對投資的了解更加深入，之後可能也會更有信心選擇自己的投資項目。

用指數基金投資

本章節的開頭，我有提到指數基金，這是一個投資人可以用便宜的價格，很快的速度以及很簡單的方式分散自己投資的方式，把自己的錢投資在幾百甚至是幾千家公司上。

如果你把錢投入一個指數基金，它就會追蹤該指數中所有公司的表現，這就是為什麼指數基金也被稱為追蹤基金。你甚至可以購買全球指數基金，其中包含了世界各地不同的指數，讓你的投資更加多樣化[21]。

隨著時間的推移，股票市場會發生變化。今天美國的前五百大公司和四十年前的前五百大公司有很大的不同！但是，指數基金的投資人並不需要自己觀察這些趨勢，因為指數會自動調整。每天都會有新的公司加入，也會有舊的公司被剔除。

雖然個別公司的股票可能相當不穩定，有時會突然大起大落，但指數整體的表現是所有股票的加權平均。雖然價格還是會上升和下降，但幅度會小非常多。

此外，與其他類型的投資相比，指數基金的年費非常便宜，通常是投資資金的百分之〇點二左右，而主動式管理型基金的年費則為百分之一。因此，如果你投資一百英鎊，費用就會是二十便士對上一英鎊。

如果你是長期投資人，每年的成長都只有中等或是平均水準的成長可能會很沉悶，但回想一下我們關於複利的課程，當你把錢拿來做長期投資，持之以恆才是關鍵。

許多指數投資人會更進一步把每個月的定期投資自動化，只要一通電話或是在網路上設定就好了，最低投資金額通常是二十五至一百英鎊。**不論股票市場如何變化，**投資平台每個月都會定期幫你投入這筆錢，那些緊張兮兮仔可能會非常喜歡這樣的做法！

這被稱為「平均成本法」，與其一次投入一大筆錢，不如少量多次地投資，獲得市場的平均回報。價格低的時候，你會買入更多的股票；價格高的時候，就會相對買的比較少。隨著時間的推移，這些價格會被平均化。不用選擇時機入場的好處就是，這樣的方法會讓你的情緒起伏比較小。

多年來，有越來越多的研究發現，像這樣長期緩慢而穩定的投資方式，會勝過自己決定入場時機的投資人。大家都想要逢低買進並逢高賣出，不過就連最厲害的投資人也很難做到這件事！

指數基金投資人的缺點就是，他們的績效永遠不可能超越平均水準，他們不會像冒險投資個股那樣，一次押對就直接大賺一筆，但同樣地，他們也不會受到大跌的影響，所有的一切都會被平均化。購買指數代表不用花時間和心力去挑選表現最好的股票，也不用決定何時購買，何時賣出。總而言之，這是一種蠻特別的投資方式！

像先鋒集團（Vangurad）這樣的基金管理公司有提供各種不同的指數基金，你可以投資於不同的全球指數，或者購買包山包海的基金，有些與特定的退休日期掛鉤，有些則是在股票和債券之間取得平衡。你可以在先鋒集團的平台上直接購買這些東西，但你也只能購買先鋒集團自己提供的基金。

有些投資平台會提供像是先鋒集團和安碩（iShares）等公司的指數基金，同時你也可以在上面購買主動式管理基金或者交易個股。

主動式管理基金

像是Interactive Investor、AJ Bell和Hargreaves Lansdown等線上平台提供了更多的投資選擇。除了挑選單一公司的股票之外，還可以購買主動式管理基金，也就是那種經驗豐富的基金經理挑選出三十到五十家他們認為表現會比整體市場好的公司。

為了讓投資人可以快速接觸到自己有興趣的領域，主動式管理基金往往是圍繞一個特定主題，或是特定的地理區域。主題有可能是非常廣大的，像是全球的科技公司，或者是針對日本公司、生物技術以及具有高度成長潛力的小型公司。

為了謀取利益，投資產業想要大家相信，基金經理可以選出最好的股票並帶來更高的獲利以「戰勝市場」，所謂的戰勝市場就是說，主動式管理基金的績效比指數還要好。在投資平台還有基金公司的網站上有很多華而不實的行銷手段，讚頌自家公司的明星選股人，並且不斷試著說服你拿自己的錢去購買他們的基金。

主動式管理基金會收取比較高額的投資費用，但也不能確保它們百分之百就能帶給你比指數基金更高的獲利。如果你的投資組合中有主動式管理基金，你需要多加注意。基金經理使用的策略可能在一段時間內有效，他們可以「戰勝市場」，然而長期來看，基金的表現很少會優於整體市場。＊

然而，如果你喜歡投資，關注基金經理在媒體前的言論可以幫助你了解更多資訊，也可以培養自己的直覺。所有基金都必須公布一份按照價值排列的十大投資清單，就算你不想購買該基金，這也是一個不錯的靈感和資訊來源。

投資界的一些大人物，像是伊隆·馬斯克（Elon Musk）、華倫·巴菲特（Warren Buffett）、凱西·伍德（Cathie Wood）還有泰瑞·史密斯（Terry Smith），他們對於未來趨勢的想法都不太一樣。如果這個章節成功激發了你的興趣，那麼去研究看看他們不同的投資理念，可能會是一份愉快的回家作業。

我要多久查看一次自己的投資？

就我個人來說，大約每年會檢查兩到三次自己的長期投資。這不是因為我是個駝鳥，只是我想試著避免太多的買賣而已。

愛奧那自己也使用線上交易應用程式，但她會關掉手機的通知，她說：「雖然所有投資都可以用你口袋裡的手機完成，但這也會讓你太頻繁地操作。如果不關掉通知，你會定期收到一些新的投資理念以及你當前的投資狀況，而且這很容易上癮，你會一直想要檢查它，這讓投資感覺變得像是一場為了贏而玩的遊戲。」

對於那些喜歡更頻繁地改變自己投資組合的人來說，另一個問題是線上平台會向你收取交易手續費。在你點擊「買入」或者「賣出」之前，請確保你知道具體的費用是多少。

作為一個投資人，你可以從本章提到的所有策略中挑選。正如愛奧那所說：「我有長期的投資組合，其中大部分是指數基金，也是我股票投資帳戶最主要的投資項目。但我也有短期的投資，主要是放在主動式管理基金上，有時我也會買個股，這些投資是根據我在金融媒體上看到的一些想法，再搭配上一些研究並做出自己的判斷。」

---

* 與便宜的被動型基金相比，購買主動式管理基金是否「物有所值」，已有大量的研究報告。喬納森・哈露（Jonathan Hollow）和羅賓・鮑威爾（Robin Powell）在《*How to Fund the Life You Want*》一書中對此進行了專業的剖析，我在我的金錢診所播客中也向他們詢問了這個問題（該集名稱：Investment Masterclass: The Cheapest Way to Invest）。

這些想法有時候會成功，有時候不會，但如果你享受投資，同時也只有讓投資組合的一小部分曝險，你就可以在主動選股的快感，和穩定但有點無聊的被動投資這兩者之中取得一個平衡點。

除非你選擇價格比較高的「現成」投資組合，個人儲蓄帳戶和SIPP更適合那些想要自己做功課的投資人。

學習更多關於投資的知識是一種人生技能，隨著年齡的增長，這項技能只會帶給你越來越多的好處。遺憾的是，靠養老金度日的時代已經過去了。在未來，每個人都要承擔更多的責任來照顧自己的投資。你越早開始滾雪球，結果就越好！

然而，有一件事可以讓你在這些長期投資中綁住更多的錢，也就是增加你的收入，而這將會是下一章的內容。

第九章
最大化你的收入

節流是理財很重要的一部分，但我們能省下來的錢有限，那麼更大的挑戰是什麼呢？提高你的收入。

隨著我們對抗不斷上漲的通貨膨脹還有生活開銷，你的首要任務應該是要求加薪並且讓自己成功加薪！理想的狀況是，你不要把增加的薪水拿去花掉，就如同我們上一章提到的一樣，更高的收入代表更多的投資機會。

雖然主業的收入非常重要，但那並不是唯一增加收入的方式。大家都知道有錢人有很多個收入來源，這也是為什麼他們財務韌性比較高的原因。

擁有多個收入來源是每個人都可以追求的目標，而副業和「零工經濟」（Gig Economy）

是達成這個目標的方法之一。但我要先從如何最大化我們的主業收入開始，同時，我也會提到一些關於男女薪資差異和學生貸款的內容。

如何成功加薪

就承認吧，每個人都想要加薪，但根據我的經驗，很少人甚至有那個勇氣敢提出要求。對於那些對自己能力很有自信的「Alpha男」和「Alpha女」來說，大搖大擺地走進老闆辦公室並要求加薪，是很容易的一件事情，那其他人呢？如果我們只是希望自己的努力得到認可，卻不說出來，那麼可能只有那些敢於開口的人才能得到加薪。

瑪格・德布羅意（Margot de Broglie）是Your Juno finance這個應用程式的共同創辦人，加薪是上面最熱門的討論話題之一。瑪格・德布羅意說：「我們必須打破一個錯誤認知，也就是老闆不希望你談判薪水，或者是如果你試圖討論自己的薪水，就會被炒魷魚。」

但是積極追求更高的薪水和升職，可能會對自己不利。薪水不是拿來認可或者犒賞自己努力的唯一途徑，但它是衡量我們自身「價值」最重要的標準，而要求加薪卻被拒絕會放大我們內心自卑的感覺。

我的同事伊莎貝爾．貝里克（Isabel Berwick）是英國《金融時報》Working It播客的主持人。伊莎貝爾說如果女性如果想要求加薪，更有可能受苦於「FOBSAG」，也就是「被視為貪婪恐懼症」（Fear of Being Seen As Greedy）。有小孩的人也可能會對靈活的上班時間感到「過於感激」，儘管這些安排在其他公司裡可能是理所當然的，甚至其實他們本可以享有更好的福利！然而，如果我們發現同事的薪水比自己高，那麼不滿的感覺馬上就會轉變為憤怒，尤其是他們工作做得很爛的時候！

薪資談判是一場充滿情緒的對話，但如果你家裡的經濟有困難，風險就更高了。因此，請看我的詳細教學，讓你了解如何能夠遠離感性，保持理性，並提高你加薪成功的機率！

首先——了解公司的體制

關於薪資和升遷制度，每家公司都有不同的流程和規定，不過至少你每年都一定會有績效考核，而薪資和獎金往往都和你的績效有關（如果你有幸可以得到的話）。

如果你在公家單位，像是國立醫院、老師和公務員等等，就會有一個正式的薪資系統，而工會會積極地遊說政府提高你們的薪資。公家單位的系統比較透明，但是也比較難快速進行。就像我在第七章提到的，公家單位的退休金往往更加豐沛。

如果是在私營部門，薪資結構通常沒那麼正式，談加薪可能會比較容易，不過薪資透明度也會低很多，而且往往取決於辦公室政治。

在這兩種情況下，找到一個比你有經驗的人會很有幫助，可以提供你下一步要怎麼走的建議。他可以是公司某個值得信賴的老同事，一個工作內容和你相差滿遠的同事也可以提供你一些不同的看事情角度，甚至可以考慮請一個職涯教練。

不論你公司的「體制」是什麼，你都必須先讓部門經理加入這場對話。Mrs Mean播客的主持人琳賽·庫克建議：「儘管他們不能決定關於薪資的事務，他們可能是把你的情況提交給決策者的那個人。」如果你跳過自己的部門經理，直接和他們的上級討論你的薪資和職位，可能會適得其反，所以一定要謹慎行事。

找到你的價值

你的老闆需要付出多大的代價才能找到人取代你？和招聘人員談談，或者是查看招聘廣告、雜誌和Glassdoor等網站上的薪資調查。如果你的專業技能在職場上非常短缺，那麼在談薪資上就會容易許多。如果你是在景氣不好的時候被錄用的，那你的薪資很可能是從一個更低的基數開始，並且嚴重落後。

和同事討論薪資是比較敏感的話題。比起「你在這邊薪水領多少？」，開啟話題更友善的方法是：「我在某公司看到他們的招聘廣告，薪水是這樣的。」

然而，生活費的上漲讓人們更想要薪資透明化。和同事或者在競爭公司做類似工作的人交流可以帶給你有價值的見解。當然，你不可能直接跑到老闆面前說：「這不公平，其他人的薪水都比我高！」但知道薪資不平衡的存在，會給你開口商量的勇氣。

人脈交流平台是很重要的資源，也可以提供你關於競爭對手的數據和資訊。我有參加一些現實生活中的聚會，還有一些社團則是建立在Facebook、LinkedIn或者Whatsapp之上。

你在線上求職平台的履歷要保持在最新的版本，也不要忘了Twitter的自我介紹，可以把它當作是一百四十字的履歷。做好準備是有好處的，如果你所在的部門有人員流動，你就有機會能夠升職，不過你必須要讓老闆知道自己心中的抱負。

給自己一對彩球

在工作場所，我們必須當自己的啦啦隊，老闆們往往都忙於自己的事業發展，而沒有時間注意到我們的成就！

老闆的一天基本上都在解決問題，根據我的經驗，他們喜歡收到好消息，你可能不想誇耀自己的工作成果，但當你或者你的團隊立下功勞的時候，可以寄一封簡短的郵件給老闆。如果你收到來自客戶的感謝信，可以把它發給老闆，用像是「你可能會想要看看這封信」這類的標題，但要記住不能什麼都發，因為沒人喜歡愛炫耀的人，這樣做可以幫你的年度績效考核留下一個好印象。

琳賽說：「如果你想等到自己的價值被人發現，那可能永遠都不會有人注意到。」她也建議我們建立一個資料夾，專門儲存客戶的正面評價。你可以用這些資料來證明自己的成就，也能當作加薪、升職甚至是未來面試的籌碼。

用你的數據說故事

你還能怎麼樣證明自己的成功呢？老闆喜歡看到數字，你可以用數字證明自己的表現超過其他人，或者舉例說明你在哪些方面做了額外的努力嗎？或許你已經在做資深前輩們的工作了，又或者你的工作內容已經超出了你的責任範圍。準備告訴你的老闆：「這是我能為公司帶來的貢獻，而且我可以證明自己的能力。」

當你和部門經理討論薪水的時候，把這些要點寫在一張小紙條上，這樣你就可以控制自己的情緒。記得要保持理性還有實際，並且跟著自己的劇本走。

預約一場會議

和你的部門經理約一場面對面的會議，但不要先講明你想要討論薪資的問題，因為你不想要連開口的機會都沒有就被拒絕。你可以跟部門經理說你想談一談自己的工作，或是未來的發展。越快和部門經理進行會議，你的老闆就越有可能緊張地以為你要辭職了！

要先知道自己的職業生涯想朝什麼方向發展。如果有升職的機會那就太好了，因為職位的改變更有可能涉及加薪，尤其是當你開始承擔管理的責任時。拿我自己當作例子，升上管理階層就是我自己職業生涯中的第一個重大突破。

為了讓自己不要那麼情緒化，和朋友或者另一半練習你要講的內容。交談時要面帶微笑，並表示自己在公司待得很開心，不過還是想要談談接下來的發展，可以說：「我非常喜歡現在的工作內容，但我想要聊聊看如何可以再往前一步。」好好讀你的小紙條，抓出兩三個重點，並且證明自己真的可以把這些事情做好。

專心聆聽對方的回覆，通常部門經理對於我們的看法會讓你感到很驚訝。如果你有一個新的老闆，這也是一個讓他們了解你之前經驗的好機會，因為新的老闆不一定會知道你所有的背景。

當你幫自己說完話之後，就是時候把話題轉向薪資了：「我把工作內容處理得很好，所以我希望這一點可以反映在薪資上面。」你也可以說：「我也有為公司設下一些新的標準，這點可以證明我的工資不符合我的價值。」

記住，部門經理可能不會知道你的薪資是多少。我之前有為自己團隊的成員出過頭，因為我覺得他們的能力被低估了。可以請經理介紹一下公司的薪資程序是如何運作的，有可能他們每年會提報給老闆幾個優秀員工的名單，那麼你就可以告訴他你想要在那個名單上面。

不該說的話

儘管這可能是事實，但不要說你想要加薪的原因是因為生活費上漲、貸款利率上升或者是家裡的財務狀況有困難。因為這些原因適用於每個人，你要專注在強調自己的能力，這樣成功的機率會更大。

如果你不想要離開當前的公司，就要對於其他工作機會或者被挖角的事情非常小心。這些可能是非常強大的武器，但你也必須做好準備，因為他們可能會說：「你是個很好的員工，但我們祝你接下來一切順利。」

最後，不要說其他同事的壞話來讓自己看起來更好。

下一步是什麼？

接下來，寄一封郵件給經理以感謝他的時間，並且附上談話內容的幾個重點，最後告訴他你願意進一步再討論。這樣做的話經理很容易就可以把它轉發給你的老闆，或者實際上有權利做決定的人。

希望這樣做就能讓你得到和老闆面對面交談的機會，但如果他們拒絕了你的請求，也不要灰心。琳賽說：「即使老闆現在不能幫你加薪，他們也會給你安慰，告訴你你做得很好。而且你已經成功提出加薪的請求了。」

根據他們的回覆，你可以請求進修特定的領域，調到另一個部門或者是其他能夠幫助你成長的職涯發展措施。如果你沒辦法從雇主那邊擠出更多的錢，可以問看看是否能夠幫你改變工作的頭銜，我之前也做過一樣的事情，這幫助我找到下一份工作。

如果你調薪成功，可以考慮每個月多付一點錢到公司的退休金計畫。就如同我父親所說的，支出增加是因為收入增加了。如果你從來沒有每個月多出五十或一百元，那你也不會覺得自己缺這五十一百元。可以回去讀讀第七章的內容，瞭解具體的細節。

是時候前進了嗎？

跳槽到競爭對手那裡可能會比在原本公司升職的加薪幅度更大，原因很簡單，因為對方必須提供你足夠的跳槽誘因。男性跳槽的比例往往比女性還要高，這也是男女薪資差異的原因之一，詳請請見二三五頁。

但請記住，你得到的不僅僅是工資。我們與工作的關係正在發生變化，對許多人來說，彈性工作時間或者是能夠遠距上班非常重要，尤其是在能夠省掉通勤費的情況下，或者是能夠花比較少錢住在一個更偏遠的地方。和一份高薪但高壓的工作相比，有些人可能更加渴望能夠自由運用時間。

求職面試時要問什麼

有些招聘廣告會附上工資，但如果沒有，請準備好面對期望工資這個有點尷尬的話題。瑪格說：「不要先說出你想要的數字！你現在的收入可能比他們預期的低很多，可以先問問他們對於該職位的薪資範圍有什麼想法。或者是先打太極，跟他們說：『我想了解這個職位的資訊，我們可以在那之後再討論錢的問題。』」這會給你更多資訊來判斷新的職位和之前的相比會有多大的提升，還有你是否需要管理一個團隊。

如果有獎金制度，可以問一下實際上是如何運作的。是基於經理的個人推薦而決定的，還是要達到特定的業績或者目標，又或者是兩者的結合呢？

一定要問一下退休金計畫，還有雇主提撥「免費的錢」有多少配額。如果是一家上市上櫃公司，可以問問看他們是否有員工持股計畫（Sharesave Scheme），這是一個很寶貴的福利，員工可以用折扣價購買自己公司的股票，並在三年或五年後出售，目標是能夠獲得豐厚的利潤！育嬰假的政策也是，有些公司比較慷慨，不論男性還是女性都要詢問這方面的情況。

如果是一間新創公司，你可能會得到未來認股權（share options）的福利，不過你需要了解這是如何運作的。瑪格說：「如果你什麼都不知道，就沒辦法進行談判。」關鍵的問題是具體的退場策略是什麼，還有你需要在公司工作多長時間才能得到這些股份。

新東家還能提供什麼福利？

如果有人想要挖角你，不要貿然接受，這家公司想雇用你，所以你現在擁有很大的籌碼。雖然你可能會和現在的老闆有一場拉鋸戰，不過工資並不是唯一可以拿來談判的東西。瑪格說：「根據你所從事的行業，你或許可以要求簽約獎金，利潤抽成或者任何其他形式的年終獎金。」

你也可以協商每週遠距上班的天數，甚至是得到新東家對你副業的認可。什麼意思？你還沒有副業嗎？好吧，接下來我們要看看關於副業的一些想法。

什麼是男女薪資差異？

英國的公司規模只要超過一定的大小，就必須報告男性和女性的平均時薪差異。目前的差距大約是百分之八，但這只是一個粗略的平均而已，並不代表男女有同工不同酬的狀況，同工不同酬正是英國的《同酬法》（Equal Pay Act）所要防範的狀況。

對年輕的員工來說，薪資不同往往可以忽略不計，但在三十五歲之後，差距就會開始擴大。照顧孩子的責任再加上高昂的費用，這讓許多婦女因為從事兼職工作，被迫放慢自己的職涯發展，甚至是完全退出勞動市場。這種狀況的一線曙光是彈性工作的崛起，這讓夫妻（不僅僅是婦女！）更容易在工作和育兒之間取得平衡。我之前從未見過如此多的爸爸在校園裡跑來跑去，這點讓我非常高興。

研究你公司薪資差距的數據，看看與競爭對手之間的不同。如果老闆有意縮小差距，女性在談加薪或升職時就會更加有利。

不過，我會勸任何每週上四天班的人要小心兼職的後果。危險的點在於，你將承擔五天的工作量，但只得到四天的報酬。此外，由於「永遠在線」的科技，你的休息日將會被工作吞噬。詳情可以閱讀第十章，了解目前社會是如何用女性的薪資來衡量育兒成本的。

比起一週工作四天，第五天也工作不僅僅會讓你的收入增加百分之二十五，也有助於縮小兩性的退休金差距。正如同你在第七章中所學到的，退休金是薪資的一個百分比，退休時，普通女性的退休金只有男性的三分之一，而且女性的壽命更長。

但這不僅僅是工資和退休金的問題。根據一項學術研究[22]，當你把無償勞動的價值考慮在內，包括家務勞動、育兒以及照顧家中老人，英國男性的報酬比女性多了三分之二。因此，解決男女薪資差異的問題可以從家庭開始！

副業，是一件麻煩事嗎？

副業的意思是，在你的主業之外開發一個新的收入來源，這在疫情期間變得非常熱門。封城帶來的「收入衝擊」再加上更多的空閒時間，這兩者激發了我們賺錢的創意。

即使如此，我還是要在本章開始時提出一個重要的警告。犧牲你的空閒時間來賺取一些額外的收入，這可能是一項很棒的投資，但也可能是一項非常糟糕的投資！

為了幫助你判斷兩者的差別，可以考慮一下自己工作的投資報酬率（ROI）。你的空閒時間不是「免費」的資源，詳情請見第二章有關時間與金錢的部分。

當你拿花費的時間和賺到的錢對比，花上一個又一個小時填寫線上問券賺個幾英鎊，或者是在博弈網站上匹配投注（matched betting）以降低風險，這真的值得嗎？

匹配投注還有一個缺點，那就是非常容易上癮。林恩．比蒂的Mrs MummyPenny部落格有一篇文章就是在講她成癮的痛苦過程。

Instagram上的一些個人理財專家可能會推薦這類賺錢的方法，但我認為這些方法都只會帶來麻煩，它們占用了大量的時間，而且你也不會學到任何有用的技能。我寧願把時間拿去做自己喜歡的事情，儘管它不能讓我賺到錢。或者，老實說，我寧願躺在沙發上看Netflix，因為讓自己過勞的代價非常高昂！

我覺得販賣家中閒置物品是一個很棒的副業，有很多好用的應用程式可以簡化這個過程，包括eBay、Vinted和Depop，但這件事也滿耗時的。你可以為自己訂下一些規則，確定哪些東西值得你花時間去賣。現在，我只會處理能夠賣超過十英鎊的東西，並將它們放到

Facebook Marketplace上（目前是免費的）。這樣一來，你就不用估算郵費或者是排隊寄件。其餘價值小於十英鎊的東西我會交給當地的慈善商店，這樣至少我的過度消費還能夠幫到一些人。

運用你的資產

另一個方法是把自己的閒置物品給租出去。利用像是By Rotation還有Hurr這類應用程式，你可以把自己衣櫃裡的設計師服飾出租給別人。相反地，當你需要為婚禮準備一套漂亮的衣服時，租用別人的也是一個省錢的好辦法。

賈斯敏・博圖斯（Jasmine Birtles）是MoneyMagpie這個網站的創始人，她指出有一系列的線上平台可以讓你利用自己的資產賺錢，而這是一個可以讓你償還更多貸款的方式。

如果你有車庫或者停車位，閒置的時候可以利用像是justpark.com或者parklet.co.uk這樣的網站將其出租。你也可以透過stashbee.com和spareground.co.uk把多餘的儲存空間出租出去，或者是用locationworks.com或peerspace.com這兩個網站把你的家出租給有影片拍攝需求的人。

另一個更簡單明瞭的方法是把房間出租給別人，但你要去了解政府提供的減稅措施，也就是英國的租屋計畫（Rent a Room scheme）。

如果你要出租一個附傢俱的房間，每年可以賺取高達七千五百英鎊的收入，而且不需要繳稅，甚至在報稅的時候也不用申報。房間也不一定是要長期出租，你可以使用Airbnb等網站，在你不需要住的時候再出租就好了。賈斯敏還說，你可以租給那些住在郊區但是平日需要住在城市裡的人。像是fivenights.com和mondaytofray.com這兩個網站就是為此而設計的，這樣做的好處是週末的時候你還是能回家享受自己的小窩。

下一個等級的副業

以上提到的副業，應該都不會對你的老闆構成問題，但如果是更正式的工作機會，像是第二份工作，那可能就會有問題了。

那些需要更多專業技能和經驗的活動會給你帶來更大的回報。比較老派的名稱叫做「自由業」，但是因為特定需求而雇用人這件事更普遍地被稱為「零工經濟」。

然而，你的僱傭合約可能會明確規定你不能從事第二份工作或者自有職業，又或者，你必須要先獲得許可，為什麼呢？

肯・奧克拉佛（Ken Okoroafor）是The Humble Penny這個網站的創辦人，他解釋道：「人們常常會用自己已經掌握的技能從事副業，並在日常工作中使用。不幸的是，這代表你的老闆可能會把這件事當成利益衝突。」內容創作者（content creator）一開始是肯的副業，不過後來他辭去了在一家創業投資公司擔任財務長的工作，現在內容創作者是肯和他妻子瑪麗的全職工作。

雇主們會反對副業，可能是因為怕你從他們的客戶那邊賺錢，或者是副業剝奪了你的時間以及注意力。如果你的副業會出現在大眾面前，他們也會擔心自己的名譽受到損害。線上經濟的快速崛起，讓公司政策來不及跟上員工賺錢的方式，比方說網紅和品牌之間的業配合作。

肯說：「再加上，很多雇主不希望你有其他的選擇，他們希望自己能夠掌控你。如果你有其他的賺錢方式，就代表雇主們的權利被削弱了，但現在已經沒有什麼工作是一輩子的了。人們更有能力可以一次做兩到三份工作，而不是僅僅依靠一份收入來源。Covid帶給我們的教訓，就是擁有一份副業會讓你有更大的財務韌性。」

首先你要確認的事情就是僱傭合約，儘管大多數的合約都非常模稜兩可，為了瞭解自己的副業是否會被公司接受，你可能要深入了解公司的政策，包括利益衝突政策還有員工行為準則，例如公司可能會規定員工需要得到許可才能從事自由業。

肯補充說道：「如果你不告訴公司你的副業，而他們自己發現了，那公司就會認為你不和他們溝通，也就是不夠透明。」你的老闆可能會對你失去信任，嚴重一點的話，如果你違反了公司的政策，還有可能會丟掉工作。

壯大你的副業

很多副業一開始都需要花費時間和金錢，但有些最後也會變成賺錢的生意。我的首要建議是把副業的財務和日常的財務分開，這樣你就可以更好地評估「投資報酬率」是否划算，這也會讓你更容易計算出自己的稅務（見二四三頁），並且衡量財務目標的進度。

大多數工作就是用時間和專業知識換取金錢。很多自由業的報酬很低，但可能可以帶給你額外的好處，像是獲得經驗或是擴展人脈，但你自己也要現實一點，考慮一下這份副業是否可以讓你在未來找到更高薪的工作。說自己工作的目的是為了「讓更多人看到」，講難聽一點就是在免費幫人做事而已。

肯說壯大副業的一個方法，就是利用自身的技能、知識和經驗打造一個會員制度。想看看第三章提到的各種訂閱制服務，像是Netflix、餐盒還有健身房等等。

他說：「如果人們願意支付一小筆錢來購買你的產品或是服務，這就是可預測的收入。你可以只在下班後做你的副業，但是整天都在網路上賺錢。」

Youtube、播客、部落格或者是Substack上的創作者只要有足夠大的觀眾群，就可以用不同的方式盈利，網路上很多熱門的東西都是從一個小小的房間開始的。如果你有可預測的收入，這就可以算是一個小型的企業了。同時，你也有可能意識到自己是不可能靠副業謀生的，不過你還是可以盡情嘗試。肯和瑪麗想要傳達的理念就是，你應該給自己的副業一個機會。

最後，你要記住不是每個興趣都能為你賺錢。我喜歡吹薩克斯風，但我從來沒有從表演上賺過什麼大錢，不過我很享受這個過程，也結交了很多終生好友。這些東西也是非常有價值的，只是跟錢不一樣罷了。

副業和稅務

如果你販賣的二手物品低於原本的價值，就不用擔心稅務的問題。但如果你賣的物品有讓你獲利，事情可能就不一樣了。

每個納稅人都有「交易配額」（trading allowance），這代表你每年都可以從自營事業中賺取最多一千英鎊，而不用繳納任何的稅或者國民保險費。你不需要在報稅表上申報這筆收入，這是租屋計畫七千五百英鎊額外的一筆配額（見二三八頁）。

如果你的自營事業每年賺取**超過**一千英鎊，就需要上報稅務海關總署（HMRC）並完成年度納稅申報，這就是為什麼我建議你把副業的收入分割開來的原因。在扣除免稅的額度之後，你會需要根據獲得的利潤繳稅。就算你已經有一份正職工作，還是可以註冊為「個體戶」（sole trader），你可以上www.gov.uk/working-for-yourself查看詳細說明。

像是Xero、QucikBooks還有Tide這類應用程式可以讓報稅變得輕而易舉。你可以一邊掃描收據，一邊生成線上發票並預測你可能的稅務狀況。雖然這些服務需要支付訂閱費用，不過這筆錢是可減稅的，就跟出差、股票和設備一樣，詳情可以去政府網站上查看。

對自由業者來說，稅單可能是一個討厭的驚喜。當我從自己的副業中得到報酬時，我會立刻拿出一部分的錢存到「稅務帳戶」中，這樣我就不會把它花掉了。如果你是中辣納稅人，就要把百分之二十的錢拿出來，如果你是大辣納稅人，那就是百分之四十。我為此特別開了一個溢價債券帳戶（透過政府的國家儲蓄及投資網站），這種帳戶不會給你利息，但你的債券可以參加每個月的抽獎。線上轉帳並且把錢存進去非常容易，但是取出來則要花幾天的時間。當你的錢在裡面放著的時候，有機會贏得高達一百萬的免稅獎金，雖然我最多只贏過五十英鎊。

小訣竅：善用津貼與捐贈，受幫助也幫助人

根據估計，每年約有價值五百億英鎊的國家津貼無人認領，因為大家沒有意識到自己有資格領取這些福利。如果你不確定，可以花二十分鐘到Turn2Us這個網站上使用津貼計算機。Turn2Us是一個很棒的慈善機構，專門解釋英國超級複雜的津貼制度，讓你很容易就可以知道自己有權利領取什麼。

Turn2Us這個網站也有大量關於兒童福利和免稅托兒服務帳戶（Tax-Free Childcare account）的詳情，以及為失業以及財務有困難的人提供的豐富資訊。你還可以輸入郵

遞區號，查看你所在地區不同慈善機構提供的救濟金。

我每年聖誕節都會向這個慈善機構捐贈一點錢，並勾選「捐贈援助」的框框以提高我的捐贈價值。我知道這本書是關於省錢的，但如果你行有餘力，撥一點錢或時間做好事一定會給你帶來回報，也會讓人很有滿足感。

關於學生貸款，他們沒有告訴你的事

如果你是大學畢業生，學生貸款可能會在未來的幾十年裡都跟著你。在本章節，我將介紹畢業生要如何償還他們的債務，為那些想要更快把債務還清的人提供一點方向，同時也給還沒上大學的年輕讀者們一點小訣竅。

學生貸款和其他形式的債務非常不一樣，你每個月的還款額取決於你的薪資高低。還款的金額會直接從你的薪資單上扣除，讓學生貸款更像是一種稅，而不是貸款，但是了解學生貸款的運作方式是非常值得的。

英國和威爾斯的畢業生收入一定要達到一個門檻，才會需要開始支付他們的學生貸款，這就是所謂的「還款門檻」。如果你是在二〇一二到二三年之間畢業的，還款門檻是兩萬七千兩百九十五英鎊，這個數字在我寫這本書的時候是正確的，不過隨著通貨膨脹的飆升，這個數字有可能會在未來上升。

如果你的年收入少於兩萬七千兩百九十五元，你就完全不需要還款。如果你這輩子的收入都低於這個數字，那你就連一毛錢都不用償還，不過還是會有利息，所以你背負的債務會越來越多。

大學學位需要花錢，但是也會帶給你巨大的經濟利益，大多數擁有大學學位的畢業生都可以獲得比較高薪的工作。當收入超過還款門檻，超過的部分就會被扣除百分之九拿去還款。因此，這就是為什麼我說學生貸款有點像是一種畢業稅。

記住，只有超過兩萬七千兩百九十五元的部分才適用於這百分之九，並不是你全部薪水的百分之九！以下是幾個例子：

阿文的年收入是兩萬八千兩百九十五元，這超出了還款門檻一千英鎊。她每年將償還九十英鎊（一千元的百分之九）。這相當於每個月七點五英鎊，差不多是倫敦一品脫啤酒的價格！

亞瑟的收入是三萬七千兩百九十五英鎊。

這超過了門檻一萬英鎊。

他每年將償還九百英鎊（一萬元的百分之九）。

這相當於每個月七十五英鎊。

因為學生貸款的還款是根據你的收入，所以如果亞瑟和阿文失業了，他們每個月的還款金額就會變成〇，跟其他債務非常不一樣！

雖然學生貸款的利率嚴格上來說與通膨掛鉤，但利息的增加不會影響每個月的還款金額。在兩萬七千兩百九十五元的門檻之上，每個月的還款金額保持不變，都是薪水的百分之九。然而，利息還是會增加你的債務總額，這代表你會需要支付這百分之九的還款金額更長的一段時間。

但是，讓學生債務和其他形式的債務非常不同的最後一點是，它們最後會被清除。如果你在畢業後三十年內還是沒有把錢還完，你的學生債務就會被一筆勾消。

如果你想看看加薪或者財務狀況的改變對還款金額的影響，我推薦你去Money Saving Expert這個網站上使用學生貸款計算機[23]。這個計算機還會根據英國不同地區的不同規則，以及你實際畢業時間來調整。

我需要花多久時間才能還完學生貸款？

這取決於四件事：

1. 你借了多少錢
2. 你被收取的利率
3. 你的收入高低
4. 你的畢業時間

對於英國和威爾斯的畢業生來說，大學畢業後的平均債務約為四萬五千英鎊（蘇格蘭有不同的制度）。然而，大多數在二〇一二至二三年之間畢業的學生，**永遠都不會**把債務還清。

貸款的利息代表大多數人將在二十到三十年內支付額外的百分之九的「畢業稅」，雖然這筆債務會在三十年後被清除，但這代表一直到五十幾歲你都可能要支付這百分之九的費用。

如果你覺得這很糟糕，那就要慶幸你沒有在二〇二三年九月之後開始上大學，因為到那個時候還款期將會延長到四十年！還款門檻也會降低至兩萬五千英鎊，不過為了補償這一點，利息費用將會大幅降低。

根據估計，這些變化將會使全額償還學生貸款的人數從百分之二十二增加到百分之五十五。

換句話說，從二〇二三年起，越來越多上大學的年輕人，將會在自己大部分的工作生涯中支付更高的畢業稅。

不瞞你說，如果我今天是十八歲，這件事一定會讓我重新考慮是否要讀大學，但這就跟生活中所有事情一樣，你必須權衡機會和成本。就未來的潛在收入而言，大學教育仍然是一個非常「划算」的交易。

有些工作一定要你有大學學位。對於十八歲的孩子，我的建議是在選擇大學課程時要非常謹慎，好好研究這個領域的學位可以讓你從事什麼職業，以及你未來有可能獲得什麼樣的薪水條件。

還有學徒制和專業公司這些選擇，像是有些會計師事務所會「贊助」學生上大學並支付他們的學費。

我當初不確定自己想要做什麼，所以讀完高中後我花了兩年時間工作，這讓我學會了很多有用的技能，也有機會可以存錢並看看這個世界。等我上大學時，我對自己擅長的領域有了很好的認識，更有動力好好讀書的同時，我也有一點點的存款。

我應該要提早還清學生貸款嗎？

對大多數人來說，答案是不要！大部分英國和威爾斯的畢業生都不會在三十年內還清自己的貸款，所以如果你透過學生借貸網站快速還清貸款，實際上會支付更多的稅。然而，我身邊也有人看到美國的網紅在社群媒體上說，提早還完學生貸款是一個好主意，可是，你要知道的是，美國學生貸款的系統和英國完全不同！

社群媒體上有一位號稱英國學貸博士的省錢專家，名為馬丁・路易斯。他的影片讓我們知道英國的體制對高收入戶比較有利，因為高收入戶可以更快清除自己的債務，就連二〇二三年之後的體制也一樣。

盡快還清貸款這件事情只對這些高收入戶有意義而已。

如果你的收入非常高，在三十歲前的年收入就超過五萬英鎊，並且薪水每年會跟著通膨一起調整，也不打算抽出時間去旅行或者成立家庭，根據財政研究所（Institute of Fiscal Studies）計算，提早還清學貸只有百分之五十的機會能讓你過上更好的生活。

但是未來非常難以預測，一旦你多還了一點錢給學貸公司，就沒辦法拿回來了。

所以，如果你的父母可以給你一大筆錢，我個人會把它花在更急迫的事情上面，像是購買第一棟房子。把眼光放遠，選擇支付貸款而不是支付房租可能會更加划算，再加上買房的結果是，最後你會擁有一項資產。

最後一個小提醒，在你畢業不久後，學貸公司會寄一封信給你，詢問你是否已經找到了工作以及收入狀況。如果你不回覆這封信，就算你沒有工作或者是收入很低，他們也將會向你收取最高百分比的利息。

找到增加收入的方法，隨著時間的推移就會帶給你雙倍好處，因為只要「生活方式的通膨」在你的掌握之中，就可以直接增加未來儲蓄和投資的資金量。

永遠不要忘記，你拿來賺錢最大的資本就是自己！

所以你可以考慮把自我進修納入預算之中。花錢報名一堂課程，請一位老師或者是任何可以幫助你達成目標的學習方式，這都可能是一筆很好的投資。

但是同樣的，自己的身體也很重要。為了賺錢而賺錢絕對不是一個好的策略，我們都需要休息才能走更長遠的路，我希望本章的內容可以幫助你找到自己的平衡點。

不論你是想要和老闆談加薪，還是想要開始從事自己的副業，我確定的是，你已經準備好要聊一聊金錢了。

現在是進入最後一章的完美時機，也是七大習慣中的最後一個——尋找強而有力的方法，一起談論金錢。

第十章
談論金錢

談論金錢這件事對每個人來說都有點難度，不過英國人對於錢是出了名的笨拙。然而，這件事情急需改變。

在這整本書中，我向你展示了情緒對金錢的影響，以及情緒是如何在不知不覺中影響我們的行為。這也代表談論金錢會讓我們感到尷尬，甚至有點脆弱。我們談論的不只是數字，而是金錢帶給我們的感受。現在，錢這個東西確實有可能讓我們覺得很痛苦。

生活費危機讓談論錢變得更加重要，這也是為什麼我要用一整個章節來講七大習慣中的最後一個——尋找談論錢的方法。

你可能早就已經意識到了，關於錢的交談都很情緒化，很容易就會從討論變成一場爭執！在這個章節，我將會告訴你，如果我們想要與他人進行有效的溝通，不論是合作夥伴、朋友還是家人，了解我們自身與金錢的關係是至關重要的。如果你正在考慮和另一半組建家庭，能夠輕鬆地討論錢就更是如此了，因為這對雙方財務都有巨大的影響。

在心理治療師的幫助下，我會提供你很多解決紛爭的小訣竅，這其中也包括如何與銀行人員有效地溝通，並解決生活中的問題。

財務上的煩惱會帶給心理健康沈重的負擔，能夠分享自身的恐懼，可以減少這種不知所措的感覺，幫助我們鼓起勇氣去尋找需要的幫助。

因此，希望最後這一章可以幫助你做出改變，然後朝著財務自由，邁向最後那重要的一步。

更舒服地談論錢

在本書中，我們涵蓋了很多關於金錢的議題。到現在，我相信你已經更加了解自己與金錢之間的關係了，也知道有哪些領域是需要補強的。

我們在第一章曾簡單介紹過薇琪・瑞娜，她是專注於金錢方面的心理治療師。薇琪說，一旦你明白了自己的想法，就會更容易和伴侶、家人和朋友交談。通常情況下，那些向她尋求幫助的人，都已經諮詢過專業的金融人士，他們知道自己需要做出什麼改變，不過有些情緒上的問題阻礙了他們。

正如薇琪所說：「我幫助人們找到原因，知道自己為什麼會過度消費，為什麼會傷害自己的財務狀況，甚至是把錢抓得太緊而無法享受生活。只有理解金錢對我們的意義，理解金錢對我們來說代表著什麼，我們才會有能力改變自己的行為，理解他人並和另一半達成共識。」

所以我們要如何改變自己思考錢的方式呢？

薇琪有一整本書都在討論這個話題，並將於二〇二四年出版，不過她很樂意跟我分享裡面的一些內容。

她聽到許多關於錢的談話中，很多衝突的表面上是關於金錢，但實際上卻是「關於安全感、權利、自信、男子氣、女子氣、控制或者愛情的慾望和恐懼」。

舉個例子，我認為自己是一個哥布林，總是把錢當成可以帶來安全感的東西。比起把自己辛辛苦苦賺的錢拿去投資，查看銀行的餘額會讓我心裡更加踏實。

薇琪坐在沙發上跟我說，人們可以知道衝突背後的原因，分辨出和金錢有關的焦慮、希望、恐懼和幻想，但這些東西的根本可能都不是來自金錢。一旦人們找出自己情緒的來源，薇琪說道：「他們就可以選擇哪些東西是要留下的，而哪些是想要改變或者『取消訂閱』的。」

拿我當作例子，長大的過程中我的身邊總是沒有很多錢，所以存錢的慾望對我來說是根深蒂固的。一直到現在我還是會感到焦慮，擔心錢會用完，儘管我知道這份恐懼是不理性的，因為不管是在什麼方面，我都把錢和安全感劃上等號。

多年來，我已經知道如何認出自己行為背後的原因，所以我現在有一個非常健康的緊急基金，也更加樂意把錢拿去做長期投資。

和你的另一半談論金錢

判斷未來伴侶的金錢觀，在第一次約會的時候就開始了。你們是喝咖啡還是吃個飯？高檔餐廳還是路邊攤？然後是誰買單這個最棘手的問題。

省錢專家馬丁·路易斯在接受《星期日泰晤士報》（*The Sunday Times*）採訪時說，如果有人在第一次約會時用折價券來支付晚餐的費用，那麼他一定是個適合結婚的對象[24]。

我很贊同他說的話！可以妥善利用自己的錢，並且有能力提早規劃是我看中的伴侶技能，但你可能會有不同想法。使用折價券有可能會讓你在心裡扣分，這件事或許讓你覺得自己的價值被低估，或者你會擔心這個約會對象是個小氣鬼。

不論你的想法是什麼，這一切都取決於我們個人的金錢觀。你的價值觀和潛在伴侶價值觀的互動有時候被稱為「財務兼容性」，如果你們的價值觀相近，這就是未來關係的穩固基礎，但如果你們彼此在這方面的觀念上差距甚遠，就可能會有許多紛爭。

什麼時候要考慮這個問題呢？在一段關係剛開始的時候，財務兼容性可能被排在較低的位置，但它很快就會上升。理想情況下，雙方在做出任何共同的財務承諾之前，你就應該要知道另一半的金錢觀，比方說同居或者是一起組建一個家庭。但是，如果你發現彼此一直在為錢而爭吵，你有什麼辦法可以解決這件事呢？

薇琪有很多客戶都向她求助，因為錢已經成為他們關係中的衝突來源。從表面上來看，你可能會覺得彼此在爭論錢應該怎麼花或怎麼分，還有如何管理債務以及某項投資的風險高低。

薇琪強調這點是完全正常的，每個人都有不同的金錢價值觀，所以要找出彼此之間的理解和共識。

她告訴我：「但金錢也是一個強大的象徵，人們常常會下意識地用錢來表達自己的情感問題。根據我的經驗，很多關於錢的爭論根本不是關於錢，實際上是關於錢在每個人心中代表的意義，它常常會成為我們在一段關係中用來表達自身感受的工具。」

舉例來說，有人抱怨另一半不喜歡在自己身上花錢，這件事背後真正的含義可能是他們覺得自己沒有得到足夠的愛、感情或安全感。一個擁抱不需要任何費用就能讓人感受到愛，對某些人來說，這可能比實質的禮物更加珍貴。

有時候花太多錢也可能是問題所在。我有一個朋友結束了與一間公司主管的關係，因為他每次約會都中途離開，然後送上昂貴的禮物並答應下次還要再見面。這位主管對於自己被甩感到非常困惑，因為他不知道我朋友看中的其實是他的時間和注意力。在這兩個例子中，錢都只是衝突的表面，在表面之下的，則是更深層的情感問題。

經常出現財務衝突的領域

我問薇琪夫妻在財務上哪些方面最容易起爭執，而她的答案可能會反映出你自己關係中的一些問題！但就算是這樣的話也不用擔心，因為她也提供了一些解決問題的建議。

伴侶要如何把財務合併在一起，或者，你們是否應該合併財務？

你們的財務是完全分開的，還是你們有一個共同的帳戶？在同居之前這通常都不成問題，但它仍然是一個巨大的衝突來源！沒有所謂正確或者錯誤的方法，正如薇琪所說的：「這件事涵蓋了人們各種的不安全感，不僅僅是與金錢有關，也和信任、親密關係和控制有關。」

其中一方的收入比較高

如果雙方的收入都存在一起，在決定如何分配費用時就可能會有問題。應該是一人一半，還是根據薪水不同按照比例分配？薇琪說，公平和平等兩者之間的爭論，常常會影響到正義和權力平衡的感受。

身為關係中收入比較高的那一方，當餐廳把帳單自動放在我丈夫面前時，我都會很生氣

（他覺得這件事情很有趣）！然而，我嫁給他的原因之一，就是他對金錢的態度和我之前的男朋友都大不相同。

在過去，當男人發現我的收入比他們高時，我們的關係就會突然結束。相比之下，談論錢對於我和丈夫來說非常容易，而且我們可以一起做出雙方都同意的財務決定。

有趣的是，薇琪說如果一段關係中收入較高的人與自己的成長狀況不同，人們就更有可能覺得不舒服。我的丈夫在一個單親家庭中長大，一直都是他的母親做決定，而我認為這並非巧合。

你內心的財務指南針

當涉及消費、儲蓄、投資和償還債務時，薇琪說，對於什麼是浪費和節儉；什麼是大方的；什麼是貪婪的；什麼是冒險的；什麼是保守的，每個人都有自己的標準。她說：「日常生活中有無數個選擇，而我們都是用自己內心的指南針來做決定。」

以渡假為例，你可能很想在馬爾地夫待上兩週，但你的另一半卻一心想去諾福克賞鳥；或者，也許你的伴侶想要用鉅額貸款買下自己最想要的房子，但你卻覺得買一間普通的房子會比較安全。如果你們的指南針指向不同方向，那最終的結果一定是場激烈的爭執！

你們是如何做出財務決定的

通常做決定的人就是問題所在，薇琪說：「是否有一方在逃避話題，並把所有的責任都推給另一個人？是否有一方覺得決定權在自己手上，或者有一方很衝動，永遠不會與伴侶商量？」

我承認自己有時候會對丈夫感到沮喪，因為當我和他討論一些重大的財務決定時，他都會說：「親愛的，你比我知道得更清楚。」對我來說，我的另一半了解財務方面的情況，然後我們一起做出重大決定是很重要的。但對他來說更重要的是看足球賽！我剛開始寫這本書的時候，他跟我吹噓說，自己用一句話就可以寫完這本書了：「像我一樣嫁給一個財務專家就好了。」

習慣七：花時間談論錢

事實上，你不會有一個完美的時機來談論錢，所以我們需要騰出時間。

我們會預留時間去健身、美容或把車開去保養，那為什麼不安排一些時間拿來談論錢呢？就算你一開始只是自言自語，把自己的想法記錄下來，或者更深入地思考我在本書中提出來的問題，這也是一個不錯的投資。

如果你正在一段關係裡，你可能會想要和另一半進行這樣的對話。如果直接說「我希望我們可以聊聊錢然後一起做一些規劃」這樣聽起來有點過頭，那麼就從小事開始。在閒暇的時候，問問另一半他們關於錢最早的記憶是什麼（見第一章），並和他們分享你的情況。

談論別人的問題比起談論自己的容易幾百萬倍。我最喜歡的Instagram帳號是@GoFundYourself，帳號主編愛麗絲．泰帕兒（Alice Tapper）會轉發粉絲的匿名「財務自白」，這些內容非常引人入勝，常常讓人心碎，但總會讓你從中學到一些事情。最近的貼文像是：「我在約會的時候用自己二十五萬英鎊的薪水當作測試」，「我把自己高薪但高壓的工作辭掉了，只為了尋找更快樂的生活」還有「我有個一萬英鎊的防呆基金」。從這些貼文中選擇一個，和另一半討論看看吧！

許多理財專家會建議夫妻定期安排一次「財務約會」，讓雙方在幾個小時內專注在財務的議題上，可以是每季每月甚至是每週的行程，完全取決於你。你可以根據預算並朝著自己的目標前進，也可以討論如何解決財務待辦清單上的事情。Twixtmas的意思是，聖誕節到新年之間那段美妙漫無目的的日子。我喜歡在那段期間和丈夫還有子女討論之後的規劃，像是去哪裡渡假，什麼時候去，然後再看看我們需要完成什麼事情，並以這些事情為中心開始制定預算。

和他人分享自身財務狀況的起伏，對健康至關重要。如果你是單身，我強烈建議你找一個志同道合的好朋友。我二十幾歲那段時間大部分都是單身，那時我非常重視和我最好朋友進行關於金錢的對話，她到現在都還是我最好的朋友。在經濟上，我們站在同一條起跑線上，雙方都是單身女性，並且試圖闖出一片天，買下自己的房子。

不論你的金錢觀是什麼，都可以透過社群媒體、留言板和討論區在網路上找到同好。從學習更多投資的知識，到創業和組建家庭，或是成為「數位遊牧民族」（digital nomad），其他人也會有自己學到的教訓和經驗可以分享，但記住，要保持自己的思辨能力。

在感到財務焦慮的情況下，我們很容易就會對金錢感到不知所措，但是和自己信任的人討論這件事會幫助你正視這些感覺，並集中精力做好自己能做的事情，以改善你的財務狀況。

薇琪說：「把心中的擔憂講出來會有很大的幫助，但人們做得還不夠。理財帶來的壓力已經夠大了，在這股壓力之下又感到孤立無援，對你不會有任何好處。你會發現，其實大部分人都跟你有一樣的擔憂，而且談論這些擔憂可以釋放壓力並得到解脫。」

找到解決方案

所以，你已經準備好要和另一半討論錢的問題，也已經找到時間可以進行對話，但是，要怎樣才能防止這場對話演變成爭吵呢？

薇琪建議：「請記住，你希望的是被傾聽和理解，而不是『達成一個目標』，所以你需要為此布局，以增加自己的勝算。」

注意自己說話的語氣，在不提高音量的情況下承認自己感到憤怒或沮喪，這樣做會比一開始就讓另一半處於防禦姿態要好很多。她說：「我常常告訴我的客戶，你說話的方式就和說話的內容一樣重要。」

這個概念可以延伸到使用第幾人稱。她說：「第一人稱的觀點比第二人稱的指責聽起來還舒服，所以更有可能得到比較好的回應。」告訴對方「當時……我感到憤怒」，或者「我不喜歡……」，這樣的說法可以讓另一半關注你的感受，也能明白感受的由來。

相比之下，告訴對方「你是個不負責任的人，因為……」可能會激怒他們，演變成大吵大鬧，結果就是另一半無法聽到你的想法。

薇琪建議你應該要陳述一個事實，而不是自己的觀點或批判。例如，「當你和朋友出去玩花掉兩百五十英鎊的時候，我感到很生氣」還有「當你像個被寵壞的孩子，隨便就和英式橄欖球俱樂部那些討厭的傢伙去外面花掉兩百五十英鎊的時候，我感到很生氣」，這兩者比起來，後者聽起來會讓人比較不舒服。

薇琪說：「你的伴侶會明白你的感受，而不是覺得被威脅或是感到困惑。」

最重要的是，她建議夫妻雙方要以理解對方為前提進行對話。

她說：「這不單單是把事情說出來然後抱怨一下，而是讓你更了解自己和另一半的機會，也是讓另一半更了解他自己的機會。如果你的目的只是說服對方，讓對方覺得自己是錯的，而你是對的，最後只會陷入僵局。」

關於生小孩，他們沒有告訴你的事

對一段關係來說，生小孩應該是最大的經濟和情感壓力了。有兩件事情你們需要談一談，那就是照顧小孩的高額費用，還有小孩對父母雙方收入帶來的潛在影響。

二〇二二年，有條Reddit的討論串在網路上爆紅，內容是有關於一名三十多歲的男人在抱怨他的另一半，他說：「為了生下我們的小孩，她要我付錢給她。」

這對高收入夫妻在所有的財務支出上，都是用一人一半的方式，包括他們的抵押貸款。不過女方計算出休六個月的產假會讓他損失五萬美金的薪水，並希望她的另一半可以補償這一部分。她的論點是：為什麼她要因為生孩子而承擔經濟損失，而另一半卻不用？

我會讓你們自己想想這個問題！但我真的很喜歡這則討論串，因為它強調了生孩子的「機會成本」，這是任何年齡、性別或薪資水準的夫婦都要仔細考慮的問題，但卻很少人願意去講。

甚至在你開始想要小孩的好幾年前，你和另一半就要在面試時問清楚公司的育嬰政策。在英國，不同雇主提供的福利會大不相同。

一般來說，來自公司的補助會逐漸減少，在你要返回崗位的前幾個月，甚至可能會毫無補貼，沒錯，在你最需要解決昂貴的育兒惡夢時，工資卻是零！

托比・阿薩雷（Tobi Asare）在發現這種狀況之後，開始經營自己名為My Bump Pay的部落格。

托比說道：「你需要知道休育嬰假期間，雇主會提供多少補助，一個人不工作可以撐多長的時間，還有你想要用什麼樣的方式養育小孩以及應對其支出。」

越早和另一半討論這些事情越好！

她補充說：「在生小孩前就討論好這些事情，會對你們很有幫助。這代表你可以提前設定自己的期望和目標，並努力實現它們以避免最後手忙腳亂。如果你覺得討論這些事情有難度，可以和朋友或家人聊聊他們之前的經驗，這可能會給你一些意外的收穫。」

托比提倡共同育嬰假，也就是父母雙方（同時或輪流）休假來照顧孩子。越來越多的英國公司有這個福利，儘管占比還是很低。處理這些行政手續可能很麻煩，但是在托比寫的《The Blend》一書中，她強調這些事情非常值得一試[25]。

她說：「共同育嬰假平衡了父母雙方的負擔，養育孩子的重責大任不會只落在母親頭上，同時女性會更有能力選擇何時要重返工作崗位。而大多男性也認為共同育嬰假讓他們對於為人父母更有信心，和小孩的關係也更加緊密。」

彈性工時也在幫助讓這類事情取得一個平衡，但我們僵硬、昂貴又破碎的育兒體制卻完全沒幫上忙。坦白說，這些事情應該納入學校性教育的一部分才對！

小孩三歲以前，除非你的收入極低，不然政府基本上不會提供任何補助，這件事情很多新手爸媽都不知道。

有工作的父母可以使用免稅托兒計畫（Tax-free Childcare scheme），每個小孩每年最多可以獲得兩千英鎊，小孩子三歲以後也可以獲得其他的托兒費用補助。很多時候，育兒費用是根據父母收入較低的那一方來決定的。

如果一個全天托兒所的費用是每天一百英鎊（這在倫敦並不少見），那麼每個月兩千英鎊的開銷，將會吞噬掉稅後年收入三萬英鎊的人所有薪水。

如果工資這麼大的一部分必須花在托兒所上才能工作和賺錢，那麼許多父母會直接辭掉工作並選擇兼差，不過這樣做也有其缺點。

除了較少的收入以及退休金外，兼差的職涯發展也會比較緩慢。跳槽是許多人提升工資的方式，但兼差會降低跳槽的能力，因為兼差的徵人廣告通常數量比較少。因此，你可能還需要和另一半談談這個選擇帶來的長期財務影響。

我個人認為，所有育兒相關的費用都應該由父母雙方共同承擔，然後收入較高的那方得按照比例支付更多的錢。

想要了解更多詳細資訊，包括小孩三歲以後可能有資格申請的額外津貼，可以查看Coram Family and Childcare這個網站的育兒指南：https://www.familyandchildcaretrust.org/

小訣竅：和財務公司討論錢

為了縮減開銷，不論你是想要取消某項訂閱服務，還是沒錢繳帳單所以需要財務援助，向專業機構尋求幫助，可能會讓你心生畏懼。

或許你覺得跟他們對話會很困難，不過你要丟掉羞恥心，放下自尊心並跨出那一步。有好幾百萬的人都跟你有一樣的狀況，所以客服人員絕對不會因為你的事情而大驚小怪。保持溝通一定是最好的方式，這讓你知道自己當下有什麼選擇，而不是到最後關頭時才被迫做出決定。

在你打電話之前把資料都準備好，比方說客戶的電話號碼、最近的帳單和其他文件。把自己的問題列成一個清單，重要的是，先問自己希望財務公司如何幫你解決這些問題。把所有事情都先整理清楚會讓你比較不緊張，也會讓你更能好好利用這通電話。

和房東協商

和房東討論錢的問題會讓人非常緊張，但就像我之前答應你的，我會提供很多小技巧。

買房難度上升，代表越來越多人將會長期租房，不過這樣做的成本同時也在以驚人的速度不斷成長。

好幾百萬人都仰賴租房，租房的需求也超過了市場上的供給。只要在網路上發布租屋資訊，在幾分鐘內可能就會被人租走。由於不斷上升的利率還有更高的貸款成本，許多房東會在續約時試圖將這些成本轉嫁給租客。

然而，在同意新的租約之前，你還是可以提出質疑，並與房東堅定但有禮貌地談判。房東也有一些規則要遵守，所以了解你的權利是非常重要的。我有一些小技巧，可以幫助你透過談判得到更好的租約，不過你也可以查看Shelter和Generation Rent，這是另外兩個免費的資訊來源。

房東最怕的就是「問題房客」，有可能是不付租金的人，破壞房子的人或者兩者都有的人，且因為Covid-19，法庭有太多的案件需要審理，所以逐出令的核發也需要更久的時間來執行。

你可以直接和房東說自己是一個好房客，會按時支付租金，也會好好照顧他們的房子，更重要的是，你想要在這裡住上幾年。這也是另一個房東看重的事情，因為這代表他們可以省去尋找新租客的麻煩、成本和風險，也不用面對沒有租金可收的「空窗期」。

如果他們要把房子租給你這個可靠且值得信賴的租客，可以問房東是否可以考慮將租金向下調整，你也可以準備一個自己能夠接受的折衷方案，比方說較小的漲價幅度等等。

如果可以的話，建議你直接和房東聯絡，也可以寫一封信或者電子郵件請仲介轉交給房東。

假設你的房東財務狀況良好，也很重視你這個租客，他們就有可能向你妥協。不過請記住，如果你不開口，就什麼都沒有。

經濟蕭條的時候，房東會更擔心自己的租客失去工作或是遇到財務方面的問題，從而導致他們無法支付租金。所以你或許可以提醒他們自己是做什麼工作的，比方說你是醫生、護士或者老師，他們就會知道你的收入穩定。根據官方紀錄，雖然租金一直在上漲，但薪水卻始終沒有跟上。

如果他們沒有想要協商，你就可以採取比較強硬的方式，在你同意之前，任何租金上漲都不會生效。在Shelter這個網站上有提供一些很好用的信件模板，但盡量不要鬧到最後不歡而散，因為現在很多房東都會要求前房東的推薦信，作為他們審查租客的一種方式，所以無論不歡而散的原因是什麼，後果可能都不會對你有利。

租房的「高峰期」是八月中旬到十一月中旬，大致上與學校的學期時間吻合。所以如果你能在這個時期以外的時間搬家，競爭就會稍微小一點。不過由於租房的需求量非常大，房東有權從所有租客中挑選自己最喜歡的。

和理財顧問討論錢

到了這本書的尾聲，你可能覺得請一個理財顧問會有所幫助。但理財顧問有一個非常簡單的問題，因為這個行業受到嚴格的管控，所以價格也非常高昂。

很多獨立的理財顧問只接受能夠讓他們管理投資的客戶，並且會根據客戶投資組合的價值，來收取年度百分比費用，而大多數都是超過六位數。嘖嘖！

我必須強調，不是所有財務顧問都以這種方式收費，然而，如果你不需要別人幫你投資，我會建議你找一個理財規劃顧問（Chartered Financial Planner）。他們會審視你的整體財務狀況，幫助你設定財務目標，並找出最省稅的方式來實現這些目標。理財規劃顧問可以提供你貸款和保險等產品的建議，還有指出不同的投資方式。同時，他們也是個友善的同伴，可以和你聊聊天。

大多數的理財規劃顧問是以時薪計費，現在越來越多人會用視訊開一場免費的介紹會議，在會議中會提供具體的收費方式。在英國，平均每小時的費用是一百五十英鎊。

問一下朋友和家人的推薦，也可以查看像是Personal Finance Society（https://www.thepfs.org/yourmoney/find-an-adviser）、Unbiased.co.uk和VouchedFor.co.uk等網站上的研究。你可能會看到三、四家不同的公司，從裡面選擇最適合自己的就好了。

很多投資平台會提供合法的財務規劃建議這項「附加」服務，收費通常是幾百英鎊的買斷制。有些還會提供「有限的」投資建議，這代表他們可以根據你的財務狀況，推薦其平台上最適合你的投資。

在你向專業人士諮詢之前，最好先弄清楚自己的財務狀況、目標還有想問的問題。而閱讀這本書能幫你做到以上大部分事情，並在你的財務規劃要開始成型時，作為參考資料。

財富自由真正的意義是什麼？

我已經分享了很多關於金錢的小訣竅，以及七個強大的金錢習慣。我希望這些習慣可以幫你解鎖財務自由，實現更大的財務自主權。但在我們說再見之前，我想用最後的時間和你一起思考一下「財務自由」真正的意義。

我比較年輕的時候，財富自由對我來說是離開家裡，在不依靠父母的情況下自力更生（儘管有時候還是會刷一下爸媽的卡）。

有些人可能會說，財富自由是有足夠的錢可以感到快樂。定義何謂「足夠」的錢，最後往往會變成一場激烈的辯論，甚至試著定義何謂「快樂」都比較簡單一點！

有些人可能會把財務自由視為可以不用擔心錢的「自由」，或者至少錢不再是一個比較緊迫的問題。

現在我已經四十幾歲了，我聽到越來越多人把財富自由當作退休的代名詞，代表積累了足夠的錢，可以不用再工作了，可以依靠自己的儲蓄和投資來生活。在美國，FIRE運動（財務自由、提早退休）得到許多想要過上簡單生活的人的支持。

你對財富自由的定義可能跟這些有點重疊，也有可能完全不同。但歸根究底，財富自由就是在這三樣東西之間找到一個平衡：

1. 賺錢的時間（還有找到自己有興趣的工作，儘管它可能不是收入最高的選擇）
2. 和你所愛的人，一起在喜歡的東西上花錢
3. 能夠為明天留一點錢

這三點都很重要，不過它們之間的平衡則取決於你。

最重要的是，財務自由是一種心態，你對錢的心態。它是一種坦然接受，雖然會遇到挑戰和選擇，但你有內在的力量可以克服這些，並探索自己能夠做出的選擇。

財富自由是在這個消費者導向的社會裡，能夠做出自己想做的決定，能夠無視同儕壓力，能夠無視社群媒體或者無視錯失恐懼症。

就算是在充滿挑戰的時候，也要相信你可以不斷學習，化解情緒上的障礙，找到適合自

己的習慣，並平衡自己的財務需求。

如果你需要更多靈感，可以追蹤我的社群媒體@ClaerB，我會用一分鐘的影片分享重大的財經新聞，以及一些實用的技巧。如果這本書對你有所幫助，讓你更靠近自己的財務目標，也請在貼文中標註我。

所以，當下次有人問你：「你擅長理財嗎？」

你可以說：「我現在比之前好多了。」

致謝辭

我想要感謝一些特別的人，沒有你們就沒有這本書，包括我在金錢方面的導師，以及在寫作過程中給予我支持的人。

首先，非常感謝我在Ebury Edge出版社出色的編輯傑拉丁·科拉德（Géraldine Collard）。我一開始無視了她發給我關於寫這本書的第一封訊息，因為我誤以為那是詐騙，好險她後來又發了一封訊息給我。還要特別感謝Ebury Edge出版社的整個團隊，我的作家經紀人羅伯特·凱斯基（Robert Caskie）和我們共同的朋友埃迪·麥爾（Eddie Mair），沒有你們，這本書就不可能變成現實。

其次，感謝《金融時報》和金融素養及包容運動這個慈善組織裡的所有人，你們一直給予我極大的支持。特別要提到我的老闆帕特里克·詹金斯（Patrick Jenkins）和艾力克·羅素（Alec Russell），感謝你們讓我有時間寫這本書；還要感謝大老闆魯拉．哈拉夫（Roula Khalaf），他總是鼓勵我去做自己認為無法做到的事情；還要感謝吉莉安．泰特（Gillian Tett），她總是在我遇到困難的時候鼓勵我；還要感謝我們的總編輯托比亞斯．巴克（Tobias Buck）和艾比．史考特（Abbie Scott），他們同意讓我重新使用我在《金融時報週末版》專欄和《金錢診所》播客中的內容。

我要特別感謝《金融時報》的播客團隊還有我的合作夥伴佩西茲．樂芙（Persis Love），她是每周最常跟我談論金錢的人！以及《金融時報》出色的經濟學編輯克里斯．賈爾斯（Chris Giles）。自從多年前加入《金融時報》以來，他教會了我幾乎我目前所知的一切經濟學知識，並對本書內容提供了寶貴的意見。

還要感謝我的好友和導師琳賽．庫克，她是我曾經的老闆，也是在艦隊街（Fleet Street）深耕許久的前輩，琳賽在我整個職業生涯中一直給我幫助和建議。寫作期間，她也慷慨地花了許多時間提供我回饋和鼓勵。

許多金融教育家和專家在過程中給予了我很多幫助，他們無私地和我分享省錢的想法，這些內容遍布在這整本書中。我強烈建議你在社交媒體上追蹤他們，以了解更多關於金錢的知識：

愛麗絲・泰帕兒（@GoFundYourself）、薩拉・威廉斯（Sara Williams）（@DebtCamel）、愛奧那・貝恩（@IonaJBain）、蒂米・梅里曼・強森（@MrMoneyJar）、夏洛特・傑索普（@Looking AfterYourPennies）、蒂芙尼・阿里奇（@TheBudgetnista）、林恩・比蒂（@MrsMummyPennyUK）、達米安・費伊（@MoneytotheMasses）、瑪格・德布羅意（@YourJuno）、肯・奧克拉佛（@TheHumblePenny）、亨利・普瑞爾（@HenryPryor）、提姆・哈福德（@TimHarford）、琳賽・庫克（@LindsayMoneyM）、莫伊拉・奧尼爾（Moira O'Neill）（@MoiraOnMoney）、傑森・巴特勒（Jason Butler）（@JBTheWealthman）和金融素養及包容運動（@FT_FLIC）。

非常感謝Money Saving Expert團隊、Money to the Masses團隊、《How to Fund the Life You Want》的合著者喬納森・哈露，以及布魯斯・道爾頓（Bruce Dalton）（忠實的《金融時報》讀者和退休金融人士），他們為債務和投資部分提供了技術上的幫助。

我對家人和朋友也是感激不盡，他們在過去幾個月裡一直忍受我喊著：「我沒辦法做那個，我得寫這本該死的書！」首先要感謝我的父母鮑勃和希拉，感謝他們在我一生中教會我關於金錢以及其他的一切。

我的丈夫道格一直是一個聖人，在我寫作這本書的同時，我們的孫子出生了，他在過程中扛下了很多工作。我的三個繼子凱莉・珍、本和傑克，還有女婿山姆和即將成為兒媳的莎菈，他們早在我構思這本書之前就是我堅強的千禧年金錢靈感團隊。我會想要教導人們關於金錢的知識，就是源於從他們身上學到的東西。凱莉大半夜照顧她的雙胞胎寶寶的時候，還抽空用電子郵件閱讀了本書的幾章，這實在是我預料之外的事情。我的家人知道我現在有更多的周末可以幫忙照顧孩子和觀察賞鳥之後，他們一定會很開心。

我最親愛的朋友艾莉諾、帕特里克、瑪姬、保羅和蓋力倒了很多酒給我喝，我一定會倒更多酒給你們的。我的兄弟史蒂夫、嫂子路易絲還有他們家的三個小孩也給予了我無盡的愛和擁抱。

最後，由衷感謝所有讀者、播客聽眾還有社群媒體的粉絲，感謝你們分享自己關於錢的問題、想法、挫折還有成功。能夠為你們的金融世界帶來改變，我感到非常榮幸，同時我也希望這本書可以幫助你們建立和金錢更好的關係。

讓我們繼續這場對話吧，你可以在Instagram、Twitter和TikTok上找到我，我的用戶名是@ClaerB，也可以在我的網站www.claerbarrett.com上了解即將發布的書籍以及更多資訊。

注釋

前言

1. The Money Advice Service, 'New Study Confirms Adult Money Habits Are Set by the Age of Seven Years Old', 23 May 2013, https://mascdn.azureedge.net/cms/habits- set-by-age-seven-pr-220513-final.pdf
2. *MoneyClinic*podcast,'TheFinancialSecretsofFootballers (Part One)', November 2021, www.podcasts.apple.com/ us/podcast/the-financial-secrets-of-footballers-part- one/id287031335?i=1000540471618
3. *Money Clinic* podcast, 'Money Clinic Meets Gina Miller', March 2021, www.podcasts.apple.com/dk/podcast/ money-clinic-meets-gina-miller/id287031335?i= 1000511227820
4. *Money Clinic* podcast, 'I hate maths: Is that why I'm bad with money?', May 2022, www.podcasts.apple.com/us/podcast/i-hate-maths-is-that-why-im-bad-with-money/ id287031335?i=1000561717761
5. *FT* Financial Literacy and Inclusion Campaign: Teaching personal finance with hair extensions, James Pickford, *Financial Times*, 10 December 2021, www.ft.com/content/45f7c4e0-88eb-4d43-8874-3e242eb9eb47
6. 'Lottery winners who won millions but ended up with nothing', *Love Money*, 30 November 2021, www. lovemoney.com/galleries/64958/lottery-winners- who-won-millions-but-ended-up-with-nothing?page=1

第四章

7. 'Best of *FT* Money 2021: My biggest financial mistake — *FT* writers confess', *Financial Times*, 17 September 2021, https://www.ft.com/content/f8342b36-26ed-47d0- 990a-c5ffc3bea7b1
8. 'Credit Card Minimum Repayment Calculator', Money Saving Expert, https://www.moneysavingexpert.com/ credit-cards/minimum-repayments-credit-card/
9. https://modernretail.co.uk/buy-now-pay-later-qa-with- klarna/
10. 'UK banks pile into buy now, pay later in battle with fintechs', *Financial Times*, https://www.ft.com/ content/69917e3e-311e-48c4-b806-01e8e537ef27
11. Rupert Jones and Kalyeena Makortoff, 'The surge in "buy now pay later" – and why we should be worried', *Guardian*, 18 September 2021, https://www.theguardian. com/business/2021/sep/18/the-surge-in-buy-now-pay- later-and-why-we-should-be-worried

第六章

12. Brown, Symeon (2022) *Get Rich or Lie Trying: Ambition and Deceit in the New Influencer Economy*, Atlantic Books, London
13. I first wrote about the problem in this *FT* column: 'Instagram must stop the scammers targeting Gen Z', Claer Barrett, *Financial Times*, 5 May 2022, https://www.ft.com/content/b2702828-a094-4edd-a440-154c4dbbd6c4

第七章

14. 'Financial Lives 2022 survey: insights on vulnerability and financial resilience relevant to the rising cost of living', updated 21 October 2022, www.fca.org.uk/data/ financial-lives-2022-early-survey-insights-vulnerability- financial-resilience

15. www.financial-calculators.com/historical-investment- calculator
16. www.scotfact.com/scottish-tax-calculator-2022-23
17. www.gov.uk/check-state-pension
18. www.retirement.fidelity.co.uk/retirement-savings-guidelines/fidelitys-retirement-maths-guidelines-overview/
19. Pensions Tracing Service, www.gov.uk/find-pension-contact-details
20. WEALTH at Work, 'Saving an Extra 1% of Salary into Pension Can Increase Your Pension Pot by 25%', 12 April 2021, https://www.wealthatwork.co.uk/mywealth/2021/04/12/saving-an-extra-1-of-salary-into-pension-can-increase-your-pension-pot-by-25/

第八章

21. As a guide, the Monevator blog keeps an up-to-date list of the cheapest tracker funds: https://monevator.com/low-cost-index-trackers/

第九章

22. Henrik Kleven and Camille Landais, 'Gender Inequality and Economic Development: Fertility, Education and Norms', Economica, 14 March 2017, www.onlinelibrary. wiley.com/doi/abs/10.1111/ecca.12230
23. Student Loan Calculator, Money Saving Expert, www.moneysavingexpert.com/students/student-finance-calculator/

第十章

24. *Sunday Times* interview with Martin Lewis, 20 September 2020, https://www.thetimes.co.uk/article/martin-lewis-interview-people-would-tell-me-youre-like-a-god-i-struggled-to-cope-gg0d27whk
25. Asare, T. (2023) *The Blend*, Headline Home, London

亞當斯密 031

理財新手的輕鬆財務課

掌握7個錢滾錢的訣竅，擺脫窮忙、實現夢想，學會一生都受用的投資思維

What They Don't Teach You about Money: Seven Habits that Unlock Financial Independence

作者　克萊兒・巴雷特（Claer Barrett）
譯者　楊東昊

堡壘文化有限公司
總編輯　　簡欣彥
副總編輯　簡伯儒
責任編輯　簡欣彥
行銷企劃　黃怡婷
封面設計　周家瑤
內頁構成　李秀菊

出版	堡壘文化有限公司
發行	遠足文化事業股份有限公司（讀書共和國出版集團）
地址	231新北市新店區民權路108-3號8樓
電話	02-22181417
傳真	02-22188057
Email	service@bookrep.com.tw
郵撥帳號	19504465 遠足文化事業股份有限公司
客服專線	0800-221-029
網址	http://www.bookrep.com.tw
法律顧問	華洋法律事務所　蘇文生律師
印製	呈靖彩藝有限公司
初版1刷	2023年9月
定價	新臺幣420元
ISBN	978-626-7375-11-2
	978-626-7375-13-6 (EPUB)
	978-626-7375-14-3 (PDF)

國家圖書館出版品預行編目（CIP）資料

理財新手的輕鬆財務課：掌握7個錢滾錢的訣竅，擺脫窮忙、實現夢想，學會一生都受用的投資思維／克萊兒・巴雷特（Claer Barrett）著；楊東昊譯. -- 初版. -- 新北市：堡壘文化有限公司出版：遠足文化事業股份有限公司發行, 2023.09
　面；　公分. --（亞當斯密；31）
譯自：What they don't teach you about money : seven habits that unlock financial independence
ISBN 978-626-7375-11-2（平裝）

1.CST: 個人理財　2.CST: 投資

563　　　　112014900